像**弗格森爵士**一样**思考**

关于赢得胜利和管理成功的艺术

[英]达米安·休斯 著
陈劲 赵闯 黎毓珊 译

北京出版集团公司
北京出版社

著作权合同登记号

图字：01-2016-8066

How to Think Like Sir Alex Ferguson : The Business of Winning and Managing Success By Professor Damian Hughes

Copyright © 2017 Damian Hughes

Simplified Chinese edition copyright© 2017 Beijing Wisdom & Culture. ,Ltd

All right reserved.

2017 年中文版专有出版权属于北京出版集团公司，未经书面许可，不得翻印或以任何形式和方法使用本书中的任何内容和图片。

图书在版编目（CIP）数据

像弗格森爵士一样思考：关于赢得胜利和管理成功的艺术 /（英）达米安·休斯著；陈劲，赵闯，黎毓珊译 . — 北京：北京出版社，2017.4

书名原文：How to Think Like Sir Alex Ferguson: The Business of Winning and Managing Success

ISBN 978 – 7 – 200 – 12829 – 1

I. ①像… II. ①达… ②陈… ③赵… ④黎… III. ①管理学 — 通俗读物 IV. ① C93-49

中国版本图书馆 CIP 数据核字（2017）第 025402 号

像弗格森爵士一样思考
关于赢得胜利和管理成功的艺术
XIANG FUGESEN JUESHI YIYANG SIKAO

[英] 达米安·休斯 著

陈劲 赵闯 黎毓珊 译

*

北 京 出 版 集 团 公 司
北 京 出 版 社 　出版

（北京北三环中路 6 号）

邮政编码：100120

网 　址：www. bph. com. cn

北 京 出 版 集 团 公 司 总 发 行

新 华 书 店 经 销

北 京 嘉 业 印 刷 厂 印 刷

*

880 毫米×1230 毫米 　32 开本 　7.25 印张 　133 千字

2017 年 4 月第 1 版　2017 年 4 月第 1 次印刷

ISBN 978 – 7 – 200 – 12829 – 1

定价：38.00 元

如有印装质量问题，由本社负责调换

质量监督电话：010 – 58572393

责任编辑电话：010 – 58572457

推荐序

成功学的书一向好卖，关于马先生的书快出、多出几本无妨，像他一样思考，兴许就能重新描画人生轨迹，大多数人是如此期待的。对于弗格森爵士，您敏感吗？如果不爱足球，不爱曼联，会自动避让的。可足球掺杂在空气中，可不见，但易感，如果足球是生意，那么主教练就是典型的职业经理人。数据告诉我们，主教练在职业队中连续执教时间平均不过16个月，55%有过被炒经历的主教练最终低开低走。弗格森爵士在曼联26载38冠，熬掉同城死敌曼城13任主帅。定义成功，弗格森爵士为不二角色。

爵士自传有多个版本，最近两本畅销且长销，虽有影子写手参与，但爵士人生如戏，自己才是最好的作者。交出帅印，日子可以逍遥了，可爵士强大的气场继续笼罩着老特拉福德以及一位又一位继任者。都说成功可以复制，那就先破解成功基因吧，此事多亏一位有心人，早年间混在曼联不起眼的青训教练达米安·休斯，自知不是名帅之才，弃武从文，念书后转型为心理学教授。当年只有远望爵士身影的份儿，达米安没有机会被言传身教，成为教授后，终于有机会说服爵士，让他以科学研究为名自由地徜徉在有可能是最成功的足球大脑和心脏中。这也就有了一本貌似成功学的新书——《像弗格森爵士一样思考——关于赢得胜利和管理成功的艺术》，与此相关的课程在哈佛商学院有授，有人猜测爵士有朝一日会因此来趟中国的。

卸任那年，爵士就差被供在生人祠里了。近来，老弟子基恩在自传中发难，重新描画名帅肖像——暴君。这一点儿都不新鲜，不过以往是对手责难，如今则是子弟兵泄愤。谁是弗格森爵士？人人都有答案。达米安教授的答案是，爵士为天生人的管理者(man-manager)，在英国manager是主教练，俱乐部上上下下无所不管，战略、战术、转会签约都是头等大事，曼联前任总裁吉尔有言："乔布斯是苹果，弗格森即曼联。"这似乎还是不够，成伟业之教练，应如爵士般，造化人心才是最高境界。都说阅读比赛的能力决定成败，爵士用近30年职业经历证明，阅读人心才是要务。英国奥运田径总教练范·科蒙内曾有言："伟大的教练和领导者就是在将不舒适转变为舒适的过程中，让人们舒适地接受不舒适的感觉。弗格森爵士最擅长如此。"这可深奥了，好在弗格森爵士同时天生还是讲故事高手，能让新书时时可以回到现场，妙趣横生。洞察人心微妙之处，激励改变球员，弗格森爵士成功范例不少。说一则故事，爱尔兰球员罗比·布拉迪16岁即效力曼联，那时候爵士满嘴都是"C罗可是我执教过的最棒的球员"。某日午餐，C罗走进餐厅，正在排队等待就餐的晚辈布拉迪出于礼貌让C罗站在自己前面。就餐毕，在餐厅外布拉迪遇到了情绪激动的弗格森，斥责他为何要礼让C罗。委屈的布拉迪急忙辩解说，礼貌没有错啊，另外人家可是世界上最棒的球员啊。弗格森大声告诫："你应该觉得自己比罗纳尔多更加优秀，并且相信自己能够取代他。我不希望你卑屈于他，再也不要这样做了。"

看似唐突无理的训斥，弗格森是有深意的，他知道布拉迪是乖孩子，性格偏软，不"坏"上几分，难以成器。关于布拉迪的故事似乎没有结局，2011年他离开曼联青年队去了赫尔城，弗格森不看好他。

在自传中，似乎没有关于爵士系统学习心理学的记录。但在新书中，作者断言，爵士深谙人心，知晓人类大脑思考工作的逻辑，这又是天分吧。高强度、高压力的体育竞技中，参与者往往会出现"认知失调"，其实生活中何尝不是如此？所谓人神大战便是如此。认知失调，心绪一乱，自败于人，弗格森爵士的过人之处便是能在复杂的情境中让球员们专注于一种信念，心无旁骛。1999年欧冠决赛，上半场曼联0∶1落后于拜仁，情况不妙。弗格森自然知晓，此时球员们内心在胜负两端徘徊，接受失败的情绪暗自萌芽，他在球员们走出更衣室前说了一段话："当你们再次回到场边的时候，再去看看那座奖杯，你可以经过它，但也许再没有机会去触碰它啦。上场吧！"

这话很有画面感，最后时刻的两个不可复制的神奇进球，让曼联可以尽情拥抱那座奖杯，结果可以证明"认知失调"迅速被遏制，渴望胜利成为全队唯一的信念，久而久之，曼联人坚信自己不可战胜。记述这一故事的章节中，还特别引用了丘吉尔的一句名言——"态度事小，但能决定成败。"关于态度，当年米卢讲时，我们不过一知半解，可以留给未来继续品味。

仿效成功，人人都要，但很多人学不会，那些看起来学着简单的，却又坚持不住。总之，很麻烦。弗格森诸多警句中有一句是该记住的，哪怕你不去看他的新书，也不去听他的课，"任何事情在行至中局时，都有失败之象。但请你记住，所有成功都不是发生在直线上的"。但愿这话真的对常人也管用。

张　斌

中央电视台主持人

译者序

赢得永久的胜利

欲打造成功的组织，必须让组织成员拥有追求成功的意愿和实现成功的能力。成功的经验不仅来自商业企业的管理实践，军队和体育界的最佳实践同样引人入胜。所谓体育精神，就是永不放弃、不断追求成功的真实写照。

亚历克斯·弗格森爵士是英格兰曼彻斯特联队俱乐部最成功的主教练之一，也是公认的世界足球史上伟大的教练之一。在长期的执教过程中，弗格森提炼出应对变化的原则与方法，这不仅对培养卓越的运动员具有重要的指导意义，更对一般组织成员的领导力开发、应变能力建设具有深刻的借鉴意义。

达米安·休斯经过多年对弗格森教授领导行为、思维范式的分析研究，提出了个人应对变化的八个关键步骤，对于提升组织成员的变革能力、心理素养、正向思考等具有重要的参考价值。

感谢北京出版社慧眼选中本书，我和赵闯、黎毓珊等十分乐意地完成了本书的翻译和校对工作。在此书的翻译过程中，感谢聂耀昱、董美辰、李彦东、桂鹏、尹西明、贾筱、吕文晶、薛宇书豪、李晨曦等为本书做出的贡献。最后，还要特别感谢韩青宁老师，感谢她在整个出版过程中的热心、耐心和认真的工作。

在未来的国内外竞争发展过程中，拥有追求成功的心理素养，建立永不失败的成功系统，十分重要。相信本书的翻译引进，对中国各类组织的发展、个人的素质提升，都会产生积极的推动作用。

陈　劲

教育部"长江学者"特聘教授

清华大学经济管理学院教授、清华大学技术创新研究中心主任

《清华管理评论》执行主编

前　言

　　成功的蜕变到底是什么样的？

　　在成长的过程中，我们当中许多人凭直觉认定，成功的蜕变就是一条径直的轨道，付出足够坚定的努力就会得到预期的结果。

　　可实际上这是一个伪命题。

　　哈佛大学商学院管理系著名教授罗莎贝斯·莫斯·坎特曾强调：人们更喜欢记住振奋人心的开头和喜悦圆满的结尾，而忘记感恩那些充满挑战和困难的中间历程。而就在这些时刻，我们经历了"坎特法则"："中间阶段的一切都像是挫败。"弗格森爵士深谙这个法则，尤其是因为在执教曼联的多数岁月里他都在同这个最艰难的阶段抗争，并获得成功。他更愿意用更加直白的语言来解释这种人生哲学："成功的道路从来都不是一帆风顺的。"

　　当弗格森接手曼联的时候，曼联正处在慕尼黑空难后的历史低谷。曼联在1968年取得欧洲冠军杯胜利后，一落千丈，辉煌不再，且在以后将近20年的岁月里，再也没有获得过一次冠军，哪怕是国内联赛。弗格森的到来改变了曼联的命运，他着重培养年轻球员，重建球队，在转会市场上精明操纵，高举攻势足球大旗，充分激发球员潜力，最终带领曼联走上了康庄大道。他让人们看到了足球难得一见的美丽，为俱乐部带来了叛逆的埃里克·坎通纳，培养了"92黄金一代"，发掘了娃娃脸杀手奥莱·索尔斯克亚，签下了天生具有"杀手气质"的韦恩·鲁尼。在超过26年的时间里，他为曼联带来了无数的奖杯与荣誉、荣耀和快乐，而这些，曼联球迷也仅仅只是梦想过而已，从来没有人像他一样身处巅峰如此之久，拥有这般竞争到底的勇气，也没有人像他这样战胜足球界的对手，赢得一个又一个奖杯！

20年过去了，老特拉福德球场已满是座位，辉煌无比，容量从56000人增加到了今天的76000人，"请勿践踏草坪"的标语由5种不同的语言撰写。每天早上6点开始的比赛像是一段伟大的旅程，惊心动魄的比赛和精彩的剧情在球场上不断上演。直到弗格森2013年5月退休时，曼联的同城死敌曼城已经更换了13位主帅！从撒切尔夫人到梅杰，从布莱尔再到布朗，弗格森见证了多位英国首相的更迭。他被女王封予爵士爵位，打造铜像，被永久传颂；他还把曼联打造成了现代足球史上最多产的夺冠机器。13个英超联赛冠军，2个欧洲冠军联赛冠军，5个足总杯冠军，1个欧洲优胜者杯冠军，2个联赛杯冠军，再加上无数的足以塞满一整个博物馆的个人荣誉，他所获得的荣誉几乎是英国第二成功的足球教练的两倍。

然而他的成功之路并非一帆风顺。这么多年来，他必须学会妥善地处理来自人类本身的内在恐惧和不安，同时还得不断说服那些苛刻而且充满疑虑的公众和媒体，告诉他们自己对正在做的事情尽在掌握。弗格森同时还必须面对诸多实力强劲的挑战者：他除了见证曼联取代实力相当的对手利物浦，成为获得联赛冠军次数最多的球队外，弗格森还击败了踢法流畅的伦敦阿森纳队——流畅的踢法曾使阿森纳队在20世纪90年代和21世纪初夺得过3次联赛冠军；战胜得到俄国亿万富翁罗曼·阿布拉莫维奇注入巨资的新贵切尔西；在他最后一个赛季从同城死敌手中夺回冠军杯，曾被爵爷称为"吵闹的邻居"的曼城队——一支经历易主并在新球员身上投入史无前例重金的球队。

弗格森爵士是一位拥有非凡能力的教练。

但他不仅仅是一位教练。他在曼联整个组织中扮演着绝对核心的角色，他所管理的不仅仅是这支一流球队而且包括整个俱乐部，整个俱乐部都被烙上了弗格森印记。如果所有的分支都得听从负责人的领导，那么弗格森时期的曼联队，所有人都必须时刻准备迎接变化。比如，被认为是"鲁莽小子"的维珍公司，有一些疯癫，有一些古怪，就像它的老板理查德·布兰森爵士那样留着胡子、穿着运动衫，然而在弗格森的带领和管理下，每一个人都必须拥抱变化。俱乐部的前任首席执行官大卫·吉尔曾这样评价他："如果说史蒂夫·乔布斯代表着苹果，那弗格森就是曼联的代名词！如果有一种品质可以定义他的成功的话，那就是'在充满变数的比赛中不断调整适应、时刻把握胜利节奏的超强能力'。"对于自己空前的成功，弗格森反思道："这些年我干得最出色的就是'管理变化'，控制变化的前提是接受变化。大多数人从不关心变化，而我始终认为自己无法承担一成不变的后果。"

　　如今，弗格森终于可以把自己在曼联执教26年所经历的艰苦卓绝的挑战，以及凝结的深刻思想和哈佛大学商学院的学生们进行分享。同样，我们将在本书中为你献上如何实现这种思想的蜕变。

CONTENTS >>>>
目 录

001 　 第一章　本书写作目的

007 　 第二章　改变所需的特质

017 　 第三章　看见改变

043 　 第四章　改变你的关注点

067 　 第五章　改变你的看法

091 　 第六章　改变记录

109 　 第七章　改变你的自信程度

141 　 第八章　控制改变的风向

153 　 第九章　改变目标

175 　 第十章　改变你的想法

199 　 第十一章　改变的循环

203 　 最后的思考

207 　 致谢

209 　 参考文献

01

| 第一章 |

本书写作目的

在本书中，我主要想探讨两个问题。

第一，我想探讨弗格森是如何做到他说的那样，能够在世界上竞争最激烈的产业——足球界做到始终拥抱变化并立于不败之地——这个产业的失败率是如此之高（足球教练的平均任期通常为一年零四个月），对犯错的容忍度是如此之低（大概55%新入行的教练犯错后就和足球无缘了）。第二，我想挖掘出弗格森的其他特征，而不仅仅是公众对他的惯常看法，比如他是不苟言笑的权威人物、对比赛官员大声咆哮、在比赛最后阶段指向他的秒表等，这些都只是对他的讽刺而已。

但真正的弗格森比小报描述的复杂得多。他不总是一个易怒和暴躁的人，也并不总是时刻准备发起猛击。弗格森心情糟糕的时候，他的对手把他描绘成易怒而又冷漠的暴君。但他们也承认弗格森同样具有温情、富有魅力和欢乐的一面，友好、纯粹，有时他还会发出具有感染力的大笑。

弗格森天生就是一个讲故事的高手。他拥有超强的记忆力，即使再不起眼的细节也可以记住。他的兴趣非常广泛，绝不局限于占据了他人生大部分的绿茵场。他曾通过老式卡带自学法语，他会弹钢琴，喜欢爵士乐。他对全球的美食有很多了解，也是一位美酒鉴赏家。他有令人叹服的高智商，同时又善于洞察人心中最细微的变化。这也是他的终极造诣，对人性有深刻的理解，担任主帅时利用这种能力去发掘人性中最优秀的特质，而这些我们也需要探索。

这本书将会吸引来自不同领域的人。一方面，这本书适合各个领域的人，不论你是从事商业、教育还是艺术领域的工作，或是就职于政府部门和非营利组织，同时，对于在变革时代领导其他个人或团队追逐成功的人们也同样适用。另一方面，这本书完全是为足球迷们写的，他们就像我一样，只是单纯地为这个充满传奇色彩的人感到着迷和好奇，我们想知道他在统领事业顶峰30年的教练生涯中，究竟是什么让他取得了今天的成就。

这不是意味着一名教练能解决所有的问题，但这本书对不同文化和领域的领导者们，在特定的条件下如何引领、管理变化都提供了强有力的参考。

本书的另一个目的是想告诉读者们如何采纳和利用这些经验和方法，帮助自身成功地面对挑战。通过运用弗格森曼联生涯中的事例，以及许多和足球无关的例子和说明，我希望这本书能帮助你找到自身的问题、挑战和成功，从中获得自我提升的方法。

剧作家阿兰·班尼特曾经建议在国家美术馆的入口处应

像弗格森爵士一样思考
——关于赢得胜利和管理成功的艺术

该挂上这样一个标语：

你没有必要喜欢这里所有的东西。

弗格森在评价自己的爱徒瑞恩·吉格斯时曾说过类似的话，"他的大脑里好像有一个废物探测器"，认为吉格斯有能力应对针对自己的宣传，他总能辨别出哪些是对他有用的，哪些是没用的。

这个想法同样适用于本书。如果我们绞尽脑汁只为获得一个所谓完美的答案，那么当我们判断不完美的事物时便会充满蔑视和偏执。你们没有义务去认同或执行这本书里的每一个观点。我只是希望你们通过阅读此书，可以找到应对自身生活挑战的办法，并且能产生即时的作用，而且这本书也绝对不是一本行动指导手册。我想要带给你们的绝不仅仅是教条化的方法论。正如弗格森说的，这些建议的方案和思想绝对不是永远起作用的万能良方，但它们总会在某些特定的时刻发挥作用。综上所述，这本书会为你实现生活中的蜕变提供想法、建议和支持。

当你拥有了这本书，就好比拥有了弗格森的视角，帮助和提高你应对变化的能力。学习这些经验和教训，回答其中那些和你的情况相关的问题，并开始进行适当的练习。如果你这样做了，你就会获得将变化转变为积极能量的技能。

02

| 第二章 |

改变所需的特质

态度事小，但能决定成败。

——温斯顿·丘吉尔

罗比·布拉迪是一位年轻的爱尔兰球员，从16岁开始效力曼联已经有6个年头了。有一次，他正在食堂排队取午餐，当时，克里斯蒂亚诺·罗纳尔多——这位被亚历克斯·弗格森称为"我所执教过的最佳球员"的葡萄牙球星，也已经冲过凉，来到了他所在的队列。

布拉迪回忆说："我出于礼貌邀请他排在我的前面，之后没再多想。"

而当布拉迪离开食堂的时候，却被忧心忡忡的教练叫到了一旁。

"你为什么要那样做？"弗格森问他。

"怎么了？"布拉迪不无迷惑地问道。

"为什么要让罗纳尔多插队站在你前面？"

布拉迪笑了，回忆说："我当时试图向他解释，我只是在表达礼貌。何况那是罗纳尔多，世界上最优秀的球员。"

弗格森立刻打断了他，严肃地说："你应该觉得自己比

罗纳尔多更加优秀，并且相信自己能够取代他。我不希望你卑屈于他，再也不要这样做了。"

这件看似微小的逸事，展现了弗格森最宝贵的财富之一——对于人性的深刻理解，或者如他所言，对于"个性"的深刻洞见。**他总是在寻找那些与他相似的人，他们都具备几分非理性和固执，愿意接受挑战，并且直面改变。**

有人说，当沃尔特·迪斯尼在雇用一起工作的高管时，也采用了与弗格森相似的方法。用餐时，他会观察某一位候选人是否会先尝食物而后放盐。他认为，候选人的这个举动代表他具有灵活思维；毕竟，一个连东西都不尝一下就盲目施以改变的人，一定是个不够合格的人，他的行为会影响整个工作团队。

在描述他希望球员具备的品质时，**弗格森说："要想能够留在曼联并且成为最棒的球员，你需要具备恰当的个性，那就是顶住压力扑向足球的勇气，以及敢于冒险的冲劲。当我们很轻松就能获胜的时候，每个人都能控球自如；但真正的勇气，却是在我们将要失败的时候，依然能顶住巨大的压力去控球。"**我们许多人都不善于对此进行甄别，因为我们天生就喜欢高估那些夸张、突出的行为，而低估那些低调、不太明显的品质。但是，随着时间的推移，那些工作习惯、竞争力、抱负和决心，也就是弗格森所说的那些"特质"，会显得愈加重要。

奥莱·索尔斯克亚是一位来自挪威的前锋，他曾效力于弗格森，后来又与他共同执教。据他讲述，弗格森教导过他如何选择共事的球员，才能避免陷入上述的错误。他解释了年轻前锋丹尼·维尔贝克在学徒期间给人留下深刻印象的原因——他愿意在训练结束后留下来整理散落的足球。"他显示出一个团队球员的真正特质"，这是他对丹尼·维尔贝克的评价。简而言之，弗格森找到了一种检验个性的高效方法，它是这样发挥作用的：他会邀请候选球员参与一个会议，当球员走进会议室时，弗格森会飞快地问候他，咔嚓一声关掉灯，然后开始放映那位球员在场上最差的表现的录像。接着他就会关掉录像，转而问那位球员："你当时是怎么回事？"

此时此刻，弗格森当然不是对当时的状况感兴趣，他感兴趣的是球员们将如何应对逆境。他们的大脑将怎样处理失败的信息？他们是会负起责任，还是会寻找借口？他们是会责备别人，还是会阐述如果重新来过该怎样做？这个做法的思路不仅是要排除那些抱有不良心态的人，更是要选出那些心态良好的人。**"许多年轻人都有成为一名优秀球员的想法，但却不愿意花时间努力成为一名优秀的球员。"**这是他对此的解释。

1993年3月，弗格森对一群崭露头角的年轻球员实施了这一法则。贝克汉姆、吉格斯、内维尔和斯科尔斯都被要求以书面和模拟电视采访的形式，来分析自己最好和最差的表现。长期服务于曼联的评论员吉米·瓦格和伊蒙·奥尼尔负责此项训练，与此同时弗格森与保罗·麦吉尼斯（这支相当成功的青年队的领导者）在旁观看。

这项训练留下了一些珍贵的文字资料，尤其是球员们在自我评估中展现的严于律己的品质。"我踢得一团糟。我实在没有表现好，没有一件事做得对。我们做什么都不行。"贝克汉姆在评估自己的最差表现时，坦诚到了令人惊讶的地步。在被采访时，他羞涩的笑容掩盖不了坚定的抱负。通过努力的训练，他说："我希望自己在未来的几年，能为英国最好的球队踢球，和我的偶像布莱恩·罗布森一样。"

吉格斯根本想不出自己哪场比赛踢得好，于是他选择空着不写。但他写了自己在一次对决奥尔德姆时稍差的表现："我那场被罚下了，整场比赛我大概也就碰了两次球。"加里·内维尔，这位当今以敏锐的分析而著称的评论员，在当时也以极其直率的语气分析了自己的最差表现，那是在1993年对阵利兹队的青年足总杯决赛第二回合中，他写道："我当时简直有毛病，根本没融入比赛中。"

"在那个时候就能很明显地看出来，这些人未来会有骄人的职业生涯。他们没有为失败找借口，也没有沉迷于成功。而弗格森从头到尾一直微笑着坐在一旁。"奥尼尔回忆道。

弗格森对他录取过的212名球员都采用了相似的方法。他解释说："我喜欢称它为工人阶级原理。尽管并不是所有球员都出身于工人阶级，但他们的父辈或祖父也许是，提醒球员们他们已经进步很大是非常有用的。我会告诉他们职业道德的重要性，这似乎也激起了他们的自豪感。我提醒他们，正是对彼此的信任、不辜负队友期望的决心，才造就了他们的特质。"

在心理学中，他的做法采用了"自我一致性理论"这个概念，意思是我们会按照心中自我描画的模样而行动。一位自我意识心理学的先锋人物——莱斯考特·莱基认为，人类天生喜欢追求一致性。如果一个念头与其他更强的念头不一致，人类的内心就会将其否定。一个心理疾病的例子——神经性厌食症就是这个道理。如果厌食症患者认为自己超重，即使镜子里的自己并不是这样，他们眼里也只会看见一个超重的映象，从而激发他们继续进行对自己有害的减肥行为。自我一致性理论意味着我们会按照我们给自己设定的形象来行动。当我们给一个人（乃至自己）设定了一种行为或者特质后，再发出一个与之相一致的指令，这个人就会自然而然地努力实现这个指令。正因如此，弗格森对年轻的罗比·布拉迪的回应，以及他对于特质之重要性的强调，是非常有洞见性的做法。

莱基讲述了他的一位患者的故事。作为一名销售员，这位患者很怕给高管客户打电话。莱基问他："你是否愿意四肢着地爬进办公室，匍匐在一位上级的脚下？"

"我肯定不会！"销售员回答道。

"那么你为什么要在心理上匍匐畏缩呢？你难道看不出来，当你怀着过度的忧虑走进办公室，担心他们是否会接受你时，你其实在做着相同的事。毫不夸张地说，你是在祈求他们对你做人的肯定。"

当罗比·布拉迪让克里斯蒂亚诺·罗纳尔多插队站在自己前面时，弗格森将其解读为一种不相信自己比得上罗纳尔多的行为。如果他不相信如此，那么即使是世界上最好的教练也无济于事。

面对改变时，你的个性如何？

所以，当你面临拥抱改变的能力受到检验的时候，你将如何表现？

如果让你用词语形容改变，你会说出什么？许多人会说出消极和积极相结合的词语。一方面：恐惧、焦虑、损失、危险和恐慌；另一方面：愉快、冒险、兴奋、改进、充满活力。你认为哪些词语与前景最有联系？

通用电气全球研发中心对于商业变革的研究发现，百分之百的成功变革都有一种好的技术解决方案或方法。同样的研究也强调，超过98%的不成功变革也有很好的技术解决方案或方法。成功和不成功的关键区别并不是解决方法，而是其中的人以及他们如何应对变化。当另一个传奇足球教练布莱恩·克拉夫——一位对自己的个性从不缺乏信心的人——被媒体问到是什么使他相信自己是最适合改变诺丁汉森林队命运的人，他依然面无表情地看着记者，说出了那句经典的足球界基于数学的观察："**90%的比赛中，有一半的结果都是心理因素造成的。**"

当面对变化的时候，你认为性格有多重要？

也许我可以引领你得到一个答案。

让我们从一个简单的练习开始。它将帮助你弄懂，弗格森在评估他处理改变的能力时是什么用意——**一旦你达到一定程度的竞争力，你的性格将变得最为重要。**

坐下来，回忆你最好的一次表现。描绘一次你巅峰状态的比赛，你的每一个行动和决策都是正确的，似乎一切局势都有利于你。吉姆·洛尔博士，世界领先的体育心理学家之一，将这一状态描述为"当我们身体放松，精神冷静，无所畏惧，充满活力，积极快乐，轻松，主动和自信"。想象一下你正在欣赏电视上一部充满你自己的精彩表现的影片。你的感觉和吉姆·洛尔博士描述的一样，没有恐惧，没有焦虑和自我怀疑，一切都是顺风顺水，如你所愿。看看周围，你在哪里？那是一天中的什么时间？你穿着什么？和谁在一起？谁在围观？你听到的是什么？吸气，你闻到什么？给这份愉快体验填满丰富的细节，然后拿出一张纸，试着去捕捉你的想法。

接下来，让这一幻象慢慢消退，转而回忆你最差的每一天。想想你觉得最弱小、最无效的事件或经历，无论你多么努力，没有一件事顺着你。再一次将这种感受写下来。

现在放下这些记忆，快速回到当下。记住布莱恩·克拉夫的话，将你表现好与表现坏时的自己进行比较，然后诚实地回答这个问题：

多少比例的差异是心理造成的？

当我与领导们做这个练习时，我让房间里的每一个人都站起来。我让那些认为心理因素不到10%的人坐下来，接着那些不到20%的人被要求坐下。我对于那些相信它是少于30%和40%的人重复这个过程。当我终于进行到50%时，房间里至少一半的人仍然站着。你呢？是否也站着？

如果这个问题的答案是肯定的，那么回答我下一个问题：如果你相信自己最好和最差的一天的区别当中，正如克拉夫所说，主要变化至少是50%的心理因素的话，那么你究竟花费了多少时间了解心理变化，以及它可以如何帮助你应对其带来的压力？

这就是本书要解答的。

03

| 第三章 |

看见改变

你无法击倒看不到的东西。

——拳王阿里

日期：1999年5月26日，星期三

时间：美国东部时间晚上9点45分

地点：巴塞罗那诺坎普体育场

初夏的太阳已经落山，但潮湿的空气让气温依然温暖。当高大显眼的意大利裁判佩鲁济·科里纳[1]吹响上半场45分钟结束的尖厉哨音时，在场的55000名曼联球迷集体发出失望的叹息。此次决赛，曼联球迷的数量堪称自诺曼底登陆以来英国人在外国集合人数最多的一次，加泰罗尼亚[2]日报《先锋报》形容他们是"丑陋但友善的人"。

曼联在这一赛季的表现可谓强劲有力，他们接连获得了联赛和足总杯的冠军。但是这次球队的表现却是赛季开始以

---

[1] 佩鲁济·科里纳（1960—）：意大利著名光头足球裁判。

[2] 西班牙一个地区的名称，巴塞罗那为该区首府。

来最为黯淡的一次，而这正好发生在本赛季最重要的舞台之上——欧洲冠军联赛决赛。曼联的对手，德国拜仁慕尼黑早早就在比赛中取得了领先，在接下来的39分钟内也看不出有丢失这一优势的危险。

"真差劲，"曼联的前任主帅，这场球赛当时的转播评论员罗恩·阿特金森这样评论道，"这是弗格森此生中遇到的巨大挑战，他现在必须要有点儿奇思妙想了。"想象一下，此时你就是弗格森爵士，迈着沉重的步伐走向诺坎普球场深处的更衣室，你还有大约8分钟的时间，动用你所有鼓舞人心的技巧来激励一支目前缺乏斗志和凝聚力的球队。这次机会也最接近你的最后夙愿——赢得你一直梦寐以求的奖杯，并且有机会和自己心目中的英雄，乔克·斯坦[①]还有马克·布斯比[②]一样，成为管理艺术的大师（"欧洲已经成为我个人的十字军东征。我必须赢得欧洲冠军联赛冠军，才能被视为足坛名帅。"这是你对媒体说的话）。每走一步，肩上的压力似乎都更重一些。你注意到教练组的其他人员都在悄悄地注视着你，你能感受到中场休息时球员进入休息室时的不安和他们表现出的愁苦、失望。纵然如此，你还是能感受到希望——信任——你能够为球队做一场精彩的中场休息谈话，一场伟大的中场休息谈话！

[①] 乔克·斯坦（1922—1985年），英国历史上的足坛名帅，1967年率领凯尔特人队获得欧洲冠军联赛冠军。

[②] 马克·布斯比（1909—1994年），苏格兰足坛名帅。

你仔细思索着可以运用的选择：

1. 你可以发表一个出于本能的、有创造力的、最后一刻的、即兴的天才演讲，这个演讲足以改变一切。正如我们将在海滩上作战的宣言和葛底斯堡演说那样鼓舞激励人心，一场如此慷慨激昂、扭转乾坤的演说足以把丘吉尔变成一位充满活力的中锋，让亚伯拉罕·林肯成为一个全能型的中场。

2. 你也可以发脾气，然后用丰富的语言告诉他们你是多么的失望。

3. 你可能会认知失衡。

你会选择哪一种？

1. 你知道，富有创造力的、最后一刻的、即兴的天才演说可以改变一切：这是革命性的战略、关键时刻的精彩开场、振奋人心的赛前演说？就像阿尔·帕西诺在《挑战星期天》（*Any Given Sunday*），塞缪尔·杰克逊在《卡特教练》（*Coach Carter*）中所展现的那样。但这只是好莱坞的神话，把教练描绘为无所不能的天才，而在现实中却不存在。

2. 你曾经在球场里大发雷霆，训斥比赛中一直丢球的球员保罗·因斯（你这个大恶棍，你让我失去了欧冠！因斯，你为此感到很开心吗？）。但是这种方法并不起作用，球队依旧被巴塞罗那以4：0击败。

3. 你仍然保持克制、冷静，分析状况切实到位。你想起先前在阿伯丁时的球员提芬·阿尔巴德，他告诉你，当球队被巴塞罗那击败而错失欧冠时，他是如此的失落。

下半场比赛开始之前，弗格森告诉准备比赛的球员：
"你们如果输了，就会获得失败者的奖牌。虽然距离欧冠奖
杯只有6英尺之遥，但是你却无法碰触它。我想让你们自己想
象一下这样的事实，你们现在距离奖杯如此之近，对于你们
当中的某些人来说，可能也是最近的一次。如果没有抓住这
次机会，你们会悔恨余生！所以，确保你们再上场的时候一
定要竭尽全力。"后来，提及这段话的效果和对后续比赛的
影响，球员们都认为这番演讲奏效了。

当弗格森发言时，前锋安迪·科尔就坐在他的对面，
科尔说道："我幻想举起奖杯的那一刻该会多么美妙，实现
了自己从小就一直追寻的东西。"来自荷兰的中后卫斯坦姆
说道："弗格森的一番话点燃了'奋力一搏'的情绪，感染
了整个球队。"科尔的锋线搭档德怀特·约克也同意这一
观点。"那段话比弗格森一贯大发雷霆的'吹风机'待遇和
飞踢更能起到振奋球员的效果。"同时，正在后台做热身训
练的索尔斯克亚也在运用同样的心理激励自己，这个理论是
本领域的领军人物利昂·费斯汀格（美国社会心理学家）提
出的。费斯汀格解释说一个有意识的大脑可以同时有两种相
对的想法。不同想法之间的冲突（或不一致）会带来心理紧
张，导致整个系统的失控。当这种局面发生时，我们潜意识
的一部分，即被称为创造性潜意识的那部分就会发挥作用，

其最关键的功能就是帮助我们维持生活的秩序。当我们原有的秩序因为新的变化而陷入混乱时，我们会获得一种飙升的力量来解决这种紧张，并让事情回归到本来的状态抑或是进入一个新的状态。格式塔理论的心理学家简要称之为"从失控到受控的过程"。

索尔斯克亚回忆道："我当时试图吸引弗格森的注意力。当时球队主帅和谢林汉姆小谈了一会儿，并告诉他，要派他上场。我当时恰好就在后台，希望主帅能朝我走来，但他没有。

"当时我一直在想：'为什么不派我上场呢？'在最近对利物浦和诺丁汉森林的比赛里，我作为替补上场都取得了重要的进球。我那时有预感今晚我也会有所成就，我甚至预见自己踢进了制胜球。"实际上，索尔斯克亚甚至给他在挪威的好朋友打电话说："今天晚上在我身上将会有一些重要的大事发生。"

比赛进行到第85分钟，曼联在比分上仍然落后。之前不知道弗格森讲话内容的人们都认为这场比赛应该结束了。曼联的传奇球星乔治·贝斯特因为不愿看球队落败而离开球场前往酒吧。时任欧足联主席伦纳特·约翰松已经走到了场边，准备给拜仁慕尼黑队颁发冠军奖杯。媒体席聚集的很多英国记者正忙着准备发出关于弗格森将要失败的第一手报道。其中很大一部分文章或许还会出现在明天报纸的头版，弗格森应该会在办公室给后来的同事保留这些报纸的。

当约翰松走出通道来到场边时，分数变成了1∶1。替补上场的谢林汉姆接角球后取得了进球。此时，加时赛已不可避免，约翰松转身回到楼上。在运动员休息区，曼联的工作人员也敦促主帅重整球队，为补时30分钟做准备。但是弗格森无动于衷："拜仁慕尼黑球员已经乱了方寸，他们就像从飞机失事现场蹒跚走出的人一样。我知道他们精神上已经崩溃了。"奖杯距他仍有6英尺的距离，但是弗格森清楚此时奖杯已经触手可及了。"这场比赛还没结束！"他站在边线上对助手史提夫·麦克拉伦说道。

弗格森注视着另一端拜仁慕尼黑的一名球员把球踢出边线。本场比赛的评论员克拉文·提思利评说道："曼联能抓住机会进球吗？他们总能在关键时刻进球。"曼联的贝克汉姆罚角球，谢林汉姆碰到了球，刚刚上场10分钟的索尔斯克亚用头顶球时，发现对方后卫萨穆埃尔·库福尔正要闭上眼睛。索尔斯克亚先于防守队员做出反应，伸出右腿打球门上角得分，曼联赢得了比赛。之后，弗格森没有向同样惊呆的观众解释他是如何在本场比赛中完成"从失控到控制"的过程，而是选择这样回应："足球，真是活见鬼！"

当《太阳报》前任编辑凯尔文·麦肯锡决定解雇报纸的占星师时，他在辞退信的开头写道："正如你所预料的那样……"很多人对我们拥有预知未来的说法冷嘲热讽。但是，当我们坐上出租车，出租车司机问你想去哪儿时，你不会回答说："我不知道，随便去哪儿都行。"很大的概率是你很清楚地知道自己想去哪儿。可以看出，我们可以预见未来，但是我们大多数时候都没有积极行动以应对变化。

当我采访领导者的时候，我最喜欢提的问题就是"您能够预见自己两年后的样子吗？"

多数受访者在这个问题上都犯了难，因为他们并没有头绪。那么你呢，你能给出一个清晰的答案吗？以我的经验，大概10%的人会自信地给出答案，因为他们很清楚自己的未来。但是90%的人往往不是陷于现在的环境就是陷于过去的经历之中。无论何时总有人以这样的方式回答我——别说两年以后了，就是两分钟后我都不知道自己会怎样。这都是事实。他们不去想未来，因为在他们内心深处就不相信现在的自己能对未来的变化施加影响。

这种观念在变革时代更加明显。大多数人都认为我们是改变的受害者，而非创造者，并对此坚信不疑。根据哈佛大学研究员的说法，弗格森对于这个问题的回答非常清晰："一支球队保持成功的周期大概是4年，然后就要进行一定的改变。我试图提前3~4年去预见球队的未来，然后相应地做出决定。这样做就是为了逐步进化，主要包括两方面：第一，谁会加入进来？3年内的什么时候能看到他们？第二，现有球员老化的标志是什么？"弗格森对未来的预见和向前迈进的意愿，帮助他完成了很多艰难的决定。"最艰难的决定就是让一个曾经表现优秀的球员离开。如果你看到了球员的变化和衰退，你必须扪心自问，未来两年事情会变成什么样？"弗格森说。

其中的一个例子就是他一直在观察组织进攻的"魔力球员"埃里克·坎通纳。坎通纳1992年加盟俱乐部时，弗格森很欣赏他的态度。对有的球员来说，曼联是令人恐惧的地方，过去这些年这里也断送了其中一两位球员。但坎通纳昂首挺胸地走进来，环顾四周。他打量着一切就好像在问："我是坎通纳，你能给我提供足够大的舞台吗？我知道我拥有与众不同的特质。"

但是，1997年初，弗格森开始注意到一些细微的变化，"坎通纳的眼神里透露出一丝空虚"。而坎通纳自己数月后才发现这个问题。"我必须承认，坎通纳的内心燃烧着强烈的自尊，职业水准的大幅下降会对其造成伤害，在此之前终止他的职业生涯也许是对的。"坎通纳在那个夏天退役了。

"他永远不囿于当下，总是能放眼未来"，瑞恩·吉格斯称赞弗格森，"**清楚自己哪些方面需要提高、哪些方面需要更新，他拥有这种能力。**"这一点也恰恰是那些能在变革中获得发展和成功的人们所拥有的特质。他们知道每件事都可以被创造两次。他们知道你必须在脑海中清晰地看到未来，然后才能在现实中创造出来。他们已经在大脑里生动地勾画出成功的改变对于他们的意义，并且对此十分熟悉，以至在潜意识中已经达成现实。当他们行动时，大脑和身体已经无法判别出生动的想象和现实的区别了。

下面我们简单地科普一下，以便更好地理解它是如何发生又是如何帮助我们应对改变的。

树突

托马斯·爱迪生把他的成功"更多地归结于想象而不是客观事实"。作为一名高产的发明家，他曾经利用以下方法解决改变带来的问题。他会腾出时间坐在一个托盘上，两膝之间放块石头。当开始思考怎么处理问题时，他会让自己放松，然后进入潜意识状态。但是当他梦境渐深，睡着并失去意识时，石头就会掉落盘中把他惊醒。他会循环往复这个过程，以保证有更多的时间思考和想象自己正在解决问题的情境。同时效力于曼联和英格兰国家队的前锋韦恩·鲁尼，也发明出类似的方法帮助自己解决在球场上遇到的挑战。"你在球场上带球过人的那个瞬间，大脑中会闪现出很多想法，就像每次处理球的方法有五六种之多"，鲁尼说道。

"我的准备工作之一就是去询问球衣管理员，我们会穿什么颜色的球服。如果是红色上衣，白色短裤，白色或黑色的袜子，我就会在比赛前一晚躺在床上想象着自己射门得分或者表现良好的场景。我会努力把自己置身于那样的时刻，在比赛前就拥有这样的'记忆'。我不知道你会如何称呼这种现象，是想象还是做梦，但我总是这样做，一生都是如此。"

这是因为无论我们何时产生一个想法或是实施一个行为，比如投球，我们的脑细胞、神经元之间都会相互联系。当这些神经元聚集在一起的时候，会因彼此之间产生的化学反应而联系起来。脑细胞之间的这些联系叫作"树突"。

形成这种"树突"之后，每次重复这样的行为或想法时，化学连接会变厚，树突会变宽。重复越多，它会变得越宽、越厚。就像刚开始的时候只有一条窄道，然后变成了一条路、一条双向道，最终变为高速公路。这样就可以使化学物质以更快的速度传递。最终，这意味着你可以更好更快地做出反应，而且几乎毫不费力。

这里有一个可以在办公室尝试的例子。

找一个球，把这个球扔给某个人，然后再让他扔给你。重复做一次，不过比上次快一点。重复几次，直到双方都可以非常顺畅而轻松地完成整个过程。现在，准备继续扔球，但其实把球握在手里，只是让你的同伴以为你要扔球。会发生什么呢？很可能他们会挥动手臂去抓住这个球，尽管你依旧握着球。记住，我们的大脑分不清经历是真实的还是想象的，所以大脑会继续对这一动作做出反应，因为大脑里做出反应的树突要比保持静止的树突更大。这也就是为什么鲁尼

像弗格森爵士一样思考
——关于赢得胜利和管理成功的艺术

能够和他的前辈奥莱·索尔斯克亚在防守队员做出反应之前先行一步，这也是为什么弗格森能够比球员自己更早地发现他们自身球技的下降。

其他还有一种方式可以证明意念是有多么的强大。这种特定的练习最初是由19世纪的法国医生希伯莱特·伯恩海姆提出的，他同时也是著名心理学家弗洛伊德的老师。伯恩海姆多年来一直在研究意识和身体之间的关系，他称之为念动反应（想法加动作）。你也很可能经历过这种反应，看球赛时不自觉地做出踢球的动作，或是看电影时突然发生短暂的移情反应。

首先，制作一个钟摆。接下来需要把一个物体系在一根大约8英寸长的线上（一串钥匙就可以，一枚有分量的戒指更加理想）。舒适地站立或坐下，拿着线的顶端，让它保持悬垂和静止，同时要保证你的手、肘还有手臂都能自由移动。现在闭上眼睛，把注意力放到垂下的物体上。想象一下这个物体能够来回移动的画面，画面中物体先是缓慢地摇摆，然后逐渐加速。有需要的话，你可以想象有东西拉这根线或是线的周围有其他的力量。但是实际上，你要保证手完全静止。如此想象一分钟，然后睁开眼睛。你会发现手中的物体正在做钟摆运动（即从一边摇到另一边）。钟摆的摆幅无关紧要，当然摆幅越大，你的画面感越强。之所以会这样，就是因为你的大脑想要做出回应，实际的摇动产生于手部肌肉不自觉的运动，而这是由想象引起的。这就意味着念想会引起细微的肌肉运动。这些都在钟摆实验中得到了集中的展示，产生了这种效果。

这里所体现出的观点就是，**当面对不断变化的情况时，一定要抽出时间集中精力设想成功的画面，然后它就会应验。**

一个事关生死的问题

来自加州大学的社会学家大卫·菲利普斯倾其整个学术生涯都在证明下面这个观点——让你的想法为你服务而不是与你对抗，甚至会成为一个事关生死的问题。菲利普斯博士研究人们能否将他们的死亡推迟到某个具有情感意义的重要时刻之后，而这个时刻他们是可以提前预想到的。目前，有很多的证据支持这一论断。例如，身为百万富翁且创作过《花生漫画》的漫画家查尔斯·舒尔茨在自己最后一本漫画集发布的前夜去世，这本漫画里还有他自己签名的告别信。同时，不少于3位美国总统，约翰·亚当斯、托马斯·杰斐逊和詹姆斯·门罗都是在7月4日（美国国庆日）这一天去世的。这就引发了这样一种有趣的可能性，他们很可能一直长久坚持确保能够在这个幸运的、具有爱国情怀的日子里逝去。菲利普斯研究人们是否更有可能在一个全国性的节日，例如圣诞节或复活节之后去世。他选择研究了中国的中秋

像弗格森爵士一样思考
——关于赢得胜利和管理成功的艺术

节，而中国的中秋节因为阴历的关系每年的时间都不同。在这个传统佳节，中国家庭中年长的女性会在女儿们的帮助下为全家做一顿丰盛的饭菜。

一项针对中秋节前后死亡记录的研究表明，中秋节前一周的人口死亡率较正常周下降了35%，而节后一周的人口死亡率较正常周上升到了相同的比例。这也支持了我们之前的想法——我们的意识能够强大到支撑我们推迟死亡的时间，至少是一段短暂的时间。这种想法也为弗格森爵士提供了灵感，让他能够延续自己的职业生涯。他同时代的大多数人中，很多比他还年轻的人都已经退休，但他仍然坚持工作。"我的父亲在65岁生日的时候退休，然后一年之后他就去世了。"弗格森说道。最坏的事情莫过于让自己彻底歇下来。人们会说："我已经工作了45年，我有权利得到彻底的休息。""一点儿也不！"最终，当他在2013年5月宣布退休时，他仍然把自己多年的管理经验运用到生活的其他事情中去。记者查理·罗斯询问弗格森是否有一份去世前要做的"遗愿清单"。"当然，"他立即回答道，"我一直在努力展望未来。"

弗格森勾勒的画面里，赛马只是退休生活的一部分。"我需要花更多时间去旅行，花更多时间阅读历史书籍，"弗格森透露，"同时我还要学习新的语言，上学时我学了4年德语，对于我们同样有喉音的苏格兰人来说，学德语会更加简单。同时我学习法语也好些年了，还可以尝试意大利语……现在也已经掌握了一些句子……"在这么少的时间里，他却想要做如此多的事情。

改变的愿景

让我们考虑一会儿，什么样的想象可以帮助你应对变化。你是否曾构想过在工作中犯了错误？你是否曾想过所有事情都出错后，自己不得不停下来剖析所犯的错误？在解决对你真正重要的需求时，这些负面的构想不会对你产生什么好的帮助。你必须要预见成功，那么如何做到呢？

首先，试着做下面的简单练习。

用你握笔的手的无名指在你的前额上画大写字母Q，在心里记下你是如何去做的。

有一些人画出字母，他们自己可以认出来。他们把Q的尾巴放在了自己的前额右边，在其他人看来就像这样：

另外一些人画出来的是另一种方式，这样面对他们的人可以看出这个字母，也就是把尾巴放在了前额的左边，像这样：

像弗格森爵士一样思考
——关于赢得胜利和管理成功的艺术

这个快速的测试让我们认识到一种名为自控的检验方法。那些自控意识较高的人会采用第二种方法，这样面对他们的人可以正确地识别出来。自控意识相对较低的人会采用第一种方法，这样他们自己可以认出来。现在，在拥有高自控力的人开始自鸣得意之前，我必须要指出，这个测试也表明这类人更擅长撒谎。

那么，这又和通过想象实现成功应对变化有什么关系呢？答案就是我们每个人都有自己的风格，这个测试告诉你自己本来所属的风格。自控力低的人会更多地从内部进行设想，这就意味着，在脑海中构想时，他们是通过自己所看到的画面来设想场景的。就像是有人在你的头上放了一个相机，播出的都是自己看到的东西。那些"感受"何为成功的人偏爱这种内在的角度。鲁尼就偏爱这种方式。"我看见自己在球门前的场景。我的第一次碰球非常完美。我起脚射门，球越过守门员！"鲁尼这样形容他的完美技巧。

与之相反，自控力较高的人会从外部角度进行想象，在脑中创建图像，这就好像欣赏电视屏幕里的自己。弗格森的爱徒克里斯蒂亚诺·罗纳尔多也偏爱这种方法。他曾把自己设想的画面形容为"看电影"。这种外部角度通常对那些可以专注看到成功画面的人非常有用。我们都能够在这两种想象模式之间来回转化，而且正如每个人都有自己的握笔手一样，我们也有自己天生的想象方式，这在画"Q"的练习中也得到了证明。要认识到这两种方法没有正确与错误之分，这点非常重要，因为通过常规的训练，我们都能培养出使用内部和外部两种视角思考的能力。

试试下面的练习，检测哪一种方法对自己最有效。

1. 站立并举起右臂，把它举到身体前方。

2. 现在，伸展手臂，放下并移动到身后，同时扭动手腕。让手臂尽可能伸展，观察一下身体最远可以到哪儿。在墙上选一个特定的点做标记，有助于你了解自己可以伸多远。

3. 把手臂放在两侧，闭上眼睛，想象着你正在重复着同样的动作。这次在心里看到手臂触及之前碰到的那个点，然后轻松地，不费力气地，自动地，感受到手臂再向前伸展6英寸、9英寸，甚至是12英寸。

4. 睁开眼睛，在现实中重复，然后发现手臂能比原先伸得更远。

现在，你知道成为C罗是一种怎样的感受了。

正如我们所说的那样，那些在变革时代取得成功的人，都能够在他们真正实现目标之前就看到、感受到，甚至是体会到成功。我们可以用一个公式来表达：

$$I \times V = R$$

想象力×生动程度＝现实

你需要利用想象力去发现自己心中想要的东西，然后形成一幅清晰的图景。秘诀就在于中间的"×"，这意味着重复和练习。**亚里士多德说："我们重复的事情成就了我们。"的确如此，重复确实是所有技巧的核心。**

坎通纳测试

莫扎特从3岁就开始练习弹钢琴，他估算过，坚持练习3000个小时可以让新手变成不错的演奏家。换而言之，即每天保持2小时的训练量，每周6天，持续5年。这位伟大的作曲家同时声称10000个小时的训练量可以让你成为一位专业的演奏家。10年持续不断的训练和重复可以让你成为一名世界级的音乐家。

莫扎特的理论今日仍在音乐学院里推行。这是一个简单并且得到检验的方法：那些训练量达到10000个小时或者更长的学生成了专业的音乐演奏家。而那些训练量只有5000个小时的学生成了老师。

莫扎特的测验也在埃里克·坎通纳的故事里得到了应验。《独立报》某一期的头条曾把坎通纳称为"技术高超的坎通纳①，曼联坎通纳乐队的指挥家"。弗格森经常把坎通纳当作年轻球员的范例。当时的法国国家队教练霍利尔曾建议弗格森这样管教坎通纳："坎通纳喜欢训练而且需要刻苦训练。"

在结束自己的第一堂曼联训练课时，其他的队友都从场地离开了，但是这位法国人却走向主帅，希望能获得两名球员的帮助。

弗格森问他："你要做什么？"

"训练。"坎通纳回答道。

"这让我有一些吃惊，"弗格森承认，"这个请求有点儿奇怪，不过自然地我还是很开心地满足了埃里克的愿望。"

与此同时，已经返回室内的球员发现坎通纳没有回来，就开始寻找原因。"第二天训练课结束的时候，他们当中有一些人开始加入埃里克的训练，这很快成为我任期内球队的一种习惯，"弗格森解释道，"坎通纳让我认识到训练的不可或缺，这比他在比赛中的任何表现都更加重要。**训练才能造就真正的球员。**"

同时，练习也成就了伟大的想象家。无论什么样的训练，你都可以想象一下不同程度的成功。遵循下面的想法，最有可能使其奏效。记住，使用技巧的次数越多，就越可能变得优秀。

---

① 原文Bravura Cantona，意为古典乐曲里可以弹奏高难度的乐曲并且展示自己精妙技术的演奏家。

1. 热身

热身能帮助你明白为什么你要利用想象力，并且打算花多长时间去想象画面。准备好后，就可以开始确定你需要构建的画面，随后确认你是否给予这些画面恰当的感知和生动程度。

开始之前，你需要找一个不会被干扰的地方。刚开始的时候，你很难保持高度注意力，所以要尽量避免干扰，渐入佳境之后，就能更好地应对干扰。选择一个合适的地点开展训练非常重要，因为很多细微的因素会影响你的表现。

当你准备开始时，选择一个能让你产生最佳画面感的姿势。你可以站着或坐着，可以通过实验找到最适合自己的姿势。例如，雪橇运动员常常发现，只有当他们的坐姿和实际操作雪橇的姿势相同时才能进行有效的想象。然后，闭上眼睛，集中注意力使身体达到你想象的场景里获得成功的身体状态。在保持警惕和专注的同时尽量放松，把它当作真实的场景。用大约一分钟让自己的大脑进入这种状态。一旦到达这种状态，你的身体和大脑就会被激活，然后想象你所选择的画面。

最后，如果你需要的话，可以尝试一下最后的这个热身小练习。闭上眼睛，假想一位朋友。努力勾画出这个朋友的轮廓细节，他的头发、肤色、肌肉结构和行为。现在想象这个人正在说话，想象他的音量大小和音质、面部表情，想象他说话时你有什么感受，注意观察你的情绪。你是感受到了爱、尊重、愤怒、亲切还是信任？你可以重复这个练习直到你足够放松、做好准备去想象可能遇到的一切变化。

2. 动用一切感官，更重要的是去感知！

有些感官比其他感官更加重要，但是似乎声音尤为重要。这确实是想象情景中情绪唤醒的要点所在。例如，足球运动员通过想象观众的喧闹和完美进球的声音使他构想的情景变得生动并充满情感。这是一个非常重要的因素，能让曼联在弗格森率队时期压制其他对手。**在英国，老特拉福德球场一直吸引着最多的球迷以及无数媒体的关注。在这个球场，很多曼联的对手被击败，其中的原因就有他们对观众的喧嚣声、电视摄像机以及其他声音很不适应，而曼联的球员则习以为常。这经常摧毁了他们打败曼联的愿景。**

同时还有一个建议，想象的画面要有颜色。这也是一个非常重要的部分，因为随着对想象的控制不断增强，画面的质量也会提升，颜色也会更加醒目，整个画面看起来就会更加真实。我鼓励运用各种不同的感官，但是其中的动觉元素或者直觉感受可能比其他方面更重要。你可以注意运动中的小细节，或是通过感受衣服的质感来增强感受的质量。这类细节最有可能帮助大脑在记忆库中搜寻画面，产生最高质量的图像。

3. 实时

实时的想象也非常重要。以同样的节奏去经历这些构想，就像在现实生活中的节奏一样。C罗的想象技能曾得到了充分检验。这名葡萄牙球员被要求在漆黑的房间里练习头球，当拍摄C罗传记的导演喊道："熄灯，摄像机开拍！"夜视技术捕捉到罗纳尔多可以在黑暗环境中判断球的运动方向。C罗说："我必须尝试着去'看'球的轨迹，让它进门。"

一些运动员可以在零点几秒的时间里预想自己的表现，所以他们尽可能想象真实的场景来调整大脑以应对现实生活中的情形。如果预想过程太慢，就没法发挥想象带来的全部好处，因为决断力、运动模式和反应时间都不是以令人信赖的方式进行考虑的。罗纳尔多在黑暗的环境里三次连续得分，还包括一次鱼跃冲顶。

现实生活中的想象并没有听起来这么简单，一定要严肃对待。通过尝试这个简单的任务进行练习。想象一下你正沿着一条熟悉的道路，可能就是从工作地的停车场到你的办公桌。看一下在你的想象中这需要花费多长时间，然后再和实际情况进行对比，检验实际的时间。我想你可能会对结果感到惊讶。

4. 质量环节——给自己设立目标

你应该逐步增长想象的时间，以获得尽可能长时间的高质量想象图景。如果持续时间过久，又会丧失想象的质量，这一环节也就不能产生相应的影响。给自己设定时限，然后集中做好短而频繁的环节会有所帮助。同时给每一个部分打分，检测每次的清晰度、质量还有控制度。大多数人都发现很难坚持这一做法，但是这是寻求改变过程中不可或缺的生存技能。

弗格森的代笔人保罗·海沃德回忆道：在去往训练基地的30分钟车程中，主帅就把问题解决了。"弗格森对此非常自豪，他认为自己能比别人预先思考四步，这是他一天中非常重要的时段"，海沃德说道。

而文章至此，我们还是把最后的收尾部分留给穆罕默德·阿里——这位曾经扬言要成为这个时代最伟大人物的世界重量级拳王。

阿里对于想象的运用可以说是一个传奇。当他出现在世界拳坛时，他是第一个敢于预测自己能在第几回合赢得对手的选手。他可以自信且有节奏地告诉你他会采取什么样的方式去赢得比赛。他在公开场合做过19次预测，其中17次都是正确的。阿里告诉我，在踏上拳击台之前，他会在自己的头脑中反复地排练。1969年，他在亚特兰大的第三回合比赛中击倒对手，战胜了杰瑞·凯瑞，赢得了自己的归来之战。当时一位当地的律师罗贝特·凯萨尔正好站在阿里的教练安吉洛·邓迪旁边。他看到阿里获胜后，邓迪帮他割掉手套边沿部分。凯萨尔回忆道："邓迪剥落手套的那部分，里面用圆珠笔写着'阿里会在第三回合击倒对手'。"

阿里总结了练习想象的重要意义。他说道："看见成功非常重要，因为战斗的胜利或失败远远不止于舞台，更多的是来源于幕后，在训练房里，在漫漫路途中，远远早于聚光灯下的比赛。"他谈论的正是头脑和身体训练累积的效果。阿里明白，想要达到巅峰，除了日复一日艰苦的身体训练外，还需要有严格、规律的心理历练。

04

| 第四章 |

改变你的关注点

我会告诉你我想要什么东西——我真正、真切地想要的！

——辣妹组合

弗格森作为曼联主帅的最大强项之一就是能让俱乐部的每一个人都和他保持相同的关注点，即忽略弗格森所谓"外围变化"，专心应对一种挑战，即一心一意只求最好。弗格森的球员惊叹于他的这种能力——无论他们身在何处，弗格森能让所有人都相信他真切地知道球队要去做什么，即使有些时候他并无头绪。这确保了球员在众多使人分心的事物的环境中做到不为所动。爱尔兰后卫保罗·麦格里斯回忆道：20世纪80年代末，他经常晚上出去参加活动，外出期间都会想象着弗格森在曼彻斯特的地图上标记他的行动轨迹。"这也挺好，"他笑着说，"大多数情况下，我也不知道自己在哪个位置。"

弗格森解释说："我不能放任球员每天在外面进行商业活动，比如开商店，或者做慈善，这些都是让人分心的事情。他们必须将关注点持续放在最主要的事情上。"

"分散精力需要能量，而这份能量太重要了。"他继续说道，"需要有人控制这点，必须有人控制这点。"这个观点的重要性在弗格森两个最著名的球员，瑞恩·吉格斯和大卫·贝克汉姆身上得到了最佳诠释。

1992年复活节期间，为冠军比赛最后忙碌的10天使亚历克斯·弗格森心灰意懒。他的团队正在白白浪费自1967年以来赢得足球联赛的最好机会。周一复活节那天，他们在主场2∶1逆转布莱恩·克拉夫的诺丁汉森林队。两天后，遭遇了对战西汉姆联队的惨败。厄普顿公园球场的失败使弗格森心情沮丧，第二天，他参加了在莫克姆举办的英语学校足球协会活动，就餐时有人提及在诺丁汉森林落败几个小时后，看见夏普和吉格斯去了黑潭市的夜店，而当时他们还有不到两天就要迎战西汉姆联队。弗格森听后便不失礼貌地尽快离开了，自称"耳朵都冒烟了"，他穿着带领结的晚宴礼服向南出发回到了曼彻斯特。

弗格森说："我开车直接到了夏普的住处，他家门口停了好多车，所以我不得不停到了离他家30码左右的地方。音乐的声音从房间中涌出。门打开的时候，我怒气冲冲地冲了进去。屋里的派对正如火如荼，有20多个人在房间里，包括吉格斯和3个年轻的学徒。"

"看到这几个男孩也在现场，我的脾气顿时被引爆了，我愤怒至极。我让所有人离开屋子，每个学徒经过我身边时我都在他们的后脑勺上拍了一下。"后来吉格斯的女朋友，乔安娜·费尔赫斯特说，最有意思的事情是，"弗格森没有叫球员的名字，只是喊道'11！''5！'让他们去客厅"，11号和5号是吉格斯和夏普各自的球衣号码。

吉格斯回忆起那个可怕的时刻，他被极度愤怒的弗格森当场抓住。"我打开夏普的房门，我手里拿着贝克啤酒，没有一丝逃脱的可能。"其他那些没被认出的球员，听到他们"老大"的声音时，就四处逃窜，甚至夺窗而逃。而不久前才买下这座房子的夏普还在楼上准备，直到被叫下楼训斥。弗格森说："夏普更令我生气，因为他在球场之外也有很多行为不妥的地方。"之后，夏普回忆弗格森是怎样劝他摆脱一切的——包括他的房子和女朋友——重新找个女房东租房。夏普4年后被卖给利兹联队，他的职业生涯没有达到其才能所能到达的高度。乔安娜·费尔赫斯特想起弗格森曾经威胁要给球员的母亲打电话，"当我第二天给吉格斯打电话时，他说自己被罚了一个月的工资。"

这种直指痛处的指责在吉格斯身上无疑起了作用。他年过40依然在曼联踢球，创下了俱乐部出场次数最多的纪录，也成了国际足球中最享有盛誉的球员之一。弗格森说："自从那次事件之后，我再也没有担心过吉格斯。他已经成长为一个优秀的年轻人，这些年来我为他感到骄傲。"

吉格斯承认弗格森让他避免分心的警告的确深深影响了他。"以后的几年里，如果你在周六的晚上出去，他能知道你在哪里、和谁一起做了什么，你可能会想，'他怎么会知道这些？'但他就是了解所有人。如果我来训练时胡子刮得干干净净，他会说我前一天晚上出去玩了。"吉格斯开玩笑说，后来他出去玩时不再刮胡子了，但是他会很认真地承担自己的责任。然而，大卫·贝克汉姆却不顾弗格森的意见。

弗格森说："大卫是我管理的球员中唯一希望出名的人，他的目标就是成名，而且不仅仅是在足球界。" 这与像韦恩·鲁尼一样的天才正好相反，他们认为"商业活动会让自己感到困扰"。吉格斯吸取了教训，他会避免"商界的诱惑，因为它很可能会控制自己……他知道这不是自己的风格"。他们两人后来都接受了商业委托，但是没有一个人把这些事情排在足球前面。

20世纪80年代末当贝克汉姆第一次见到弗格森，他对弗格森的印象很好。那时他还是少年，弗格森试着劝他把未来交给曼联。曼联那时在伦敦备战水晶宫队，13岁的贝克汉姆被带到他们的住处旅客之家酒店。弗格森把贝克汉姆介绍给曼联偶像人物布莱恩·罗布森和史蒂夫·布鲁斯。他让贝克汉姆帮助球衣管理员诺尔曼·戴维斯在比赛后清理球队的更衣室。弗格森带着贝克汉姆和球员一起赛前聚餐，笑着看这个学生点了一份鲑鱼排——他以为是一种牛排，却没想到是鱼。

弗格森很早就知道贝克汉姆的名字。他经常给贝克汉姆的父母泰德和桑德拉打电话。在乌普顿公园球场对抗西汉姆联时，他甚至允许贝克汉姆坐在场外的长凳上。贝克汉姆承认："当时，弗格森对我来说就是一切，是我通向梦想的道路。"

当贝克汉姆15岁从埃塞克斯搬到曼彻斯特时，弗格森就像父亲一样关注着他，1992年，贝克汉姆在曼联青年队逐渐进入人们的视野，弗格森十分欣赏这个年轻人的奉献精神与专注能力。1995年夏天，他并没有理会前利物浦后卫、当时的电视评论员阿兰·汉森的断言"孩子们没法帮你赢球"，并抵住诱惑，拒绝购买著名球员，而更愿意给贝克汉姆一个机会。

当贝克汉姆遇到辣妹组合成员维多利亚·亚当斯时（1999年两人结婚），弗格森才开始担心贝克汉姆能否集中注意力。"以前他在集体训练后总会不停练习。但是他遇见未来的妻子后，生活发生了改变。他开始追逐'潮流'，我就这样看着他变成了另一个人。"这个苏格兰人叹息道。而这造成了两人关系紧张，尽管加里·内维尔在他们产生许多分歧后进行了调停——在这之后，贝克汉姆也做了很多承诺，包括比赛前3天不去伦敦——但弗格森还是不放心。

俱乐部的传奇人物博比·查尔顿发现"除了出色的球技之外，贝克汉姆还有另外一项出众的才能：知道公众宣传是怎样运作的，并且知道如何树立一个公众形象。毫无疑问，那是在他妻子的名人世界生活中所磨炼出的技巧"。

查尔顿回忆起他在老特拉福德球场看过贝克汉姆踢的一

场比赛，他感觉贝克汉姆的生活要逐渐取代足球："有人靠过来悄悄地在我耳边说：'你注意到贝克汉姆在进球时做了什么吗？他自己一个人跑到角旗处。如果别人进了球，他也总是第一个过去抱住他。我想这说明，他总是能出现在镜头中。'"

弗格森已经注意到了这点，并且知道这样做的危险。"你不应该在擅长的事情上投降，"他警告说，"贝克汉姆的注意力已经不在足球上了，这真可惜！因为如果他能保持专注，就会成为曼联另一个伟大的传奇。"相反的是，在2003年，在一片不和谐的气氛中，贝克汉姆被卖给了皇家马德里。

根据弗格森的断言，"辣妹"是贝克汉姆退出曼联的关键因素，让我们看看专注在"辣妹原理"中的巨大作用——你越是想要一样东西，并在它上面集中精力，你就会得到越多。

花点儿时间想一下，在面对变化的压力时，你的注意力发生了什么改变？你是不是太过于注重自己的表现以至放弃了其他？又或者，你轻易被影响了吗？

在阅读本章时顺便想想，你究竟想要实现什么样的目标。你是不是可以从事更重要的事情？现在你的生活是否存在其他需要你即刻给予关注的事情？你是否确定，今天离开家之前关掉了烤箱？

我是不是成功使你分心了，让你不再专注于本章？

如果你尝试回答以上问题，那么我就成功地转移了你的注意力，你的注意力并没有集中在你想要的地方。你也许曾经集中过注意力，但可能没有放在真正有用的地方。这就是当你面对变化时注意力会发生的改变。太多事情抢占了你的注意力，所以集中注意力去关注真正重要的事情变得越来越困难。

空间够你站立即可

亚历克斯·弗格森爵士曾经被问过这样一个问题："如果普通教练对他的球员说100个字，那么优秀的教练应该说多少字？"弗格森让提问者明白，他确实听懂了问题并且正在仔细思考。他友善地将手搭在他们的肩膀上，简单做了回答。

"10个字，"他说，"如果可能的话，越少越好。"

事实是，优秀的教练和老师并不把时间花在说话上。他们把大多数时间花在观察和聆听上。交流时，他们并不是简单地张嘴就说。他们传达出简明有用的信息并使这份信息深入人心，就像弗格森回答问题时那样。

安迪·科尔记得，有一次教练仅仅一句话就非常有效。

"我们当时对战托特纳姆热刺队，他们前半场就击垮了我们，中场休息时以3:0领先，"科尔说道，"我预想教练会非常愤怒，斥责我们。然而，他只是坐在椅子上双臂交叉。之后的15分钟他什么也没说。在球员们争执不休、互相辩论时，他只是在一旁听着。"

"教练的反应吓了我们一跳。当裁判吹哨集合队员开始下半场时，弗格森站起来，简单说道：'我想你们知道如何改正。'曼联下半场进了5个球，以5∶3的比分获得了胜利。"

问题是你没有足够的注意力可供四处挥霍，你无法对所有的事情都全神贯注。人的意识只有有限的容量，在任何一段时间内，只能储存相对少量的信息。这就是为什么习惯上电话号码都是7位。我们可以轻松地一次记下7个信息，在那之后，为了储存新信息，我们开始遗忘。你大概有过这样的经历，听钟敲过后，你不知道最终敲了几下。我们最多能回忆起7下，之后我们就很难记得住了。当我们尝试记住包含超过7件事情的信息时，我们自然而然地把它分解为更小的几块。例如，多于7拍的一行诗需要分成两行。

快速阅读下面一串数字，只看一眼，然后移开视线，在纸上按照同样顺序把它们写下来。

7 2 0 9 6 3 1 4 8 5

你写对了多少？

你可能写错了一个或更多，按顺序记住10个数字使你的头脑超载。即使你确实按照顺序写对了，在写的时候你也不能再想其他事，因为头脑中的空间有限。由此得出结论，当你面对变化时，思考什么、允许什么事情进入你的头脑中变得极其重要。这意味着你要清除没用的想法并换成更有用的。比如，忧虑和怀疑就是在浪费空间，因为它们不太可能帮助你成功地应对变化。它们需要被消除，如此才能为更有用的想法留出空间。

让我们一起看看如何才能做到这一点。

神秘博士法则

菲利普・津巴度博士，一位十分受人尊敬的心理学家，认为我们可以把注意力集中到以下3个方向：

· 过去

· 现在

· 将来

他指出，我们的思想遨游于3个方向，当我们集中在其中一方面时，问题就开始出现。相反，我们必须跟随另一位博士，虚构的神秘博士——异世奇人（Doctor Who）[①]——的指引，具备灵活的时间观念。

———————————

[①] 《异世奇人》（Doctor Who）是英国广播公司制作的一部科幻电视剧，讲述博士的时间管理者（一种能跟随时间旅行的类人外星生物）的冒险经历。

过去

在迪士尼出品的《狮子王》中，智慧的老狒狒拉飞奇试着劝说辛巴回到故乡，拯救荣耀王国。辛巴认为自己对父亲的死负有责任，拒绝回家，认为大家不会理解他。拉飞奇看着他说，他父亲的死已经过去了，他必须向前看。辛巴说自己做不到。于是拉飞奇用他带来的一根棍子敲了辛巴脑袋一下。辛巴痛苦地吼了一声，问他为什么要这样做。拉飞奇看着他，对他耸耸肩，说道："无所谓，已经过去了嘛！"然后他又打了一下，但是这次辛巴看准时机，蹲下躲过了一击。拉飞奇笑着说："**在我看来，你要么逃避过去，要么从中吸取经验。**"

亚历克斯·弗格森爵士利用同样的策略——提醒球员认识到自身在俱乐部历史上的位置——如此便可改变他们的心态。在慕尼黑空难50周年纪念日的预备阶段，他邀请了在这次空难中幸存的老特拉福德球场的主管博比·查尔顿爵士，来给球队做演讲。弗格森说，动情的查尔顿悼念了遇难的23个人，整个场面"连一根针掉下都听得见"。1958年2月6日，那架搭载着马特·巴斯比爵士队伍的飞机坠毁在慕尼黑机场跑道上，其中8个与他一起踢球的队员和3个俱乐部工作人员全部遇难。

这次谈话后，后卫里奥·费迪南德说，自己现在明白了慕尼黑如何"成为传统上建立曼联标准的开端"。查尔顿解释说："我并非想给他们施加压力。他们有自己的事业，慕尼黑事件是很久以前的事情了。但是，是马特·巴斯比最先提出想法，让英国俱乐部在欧洲竞争。巴斯比宝贝们若不是因为这场悲剧本可以做得更好，他们建立了值得纪念的标准。"除了聆听查尔顿的演讲外，球员们还获得了特制的DVD，里面讲述了当年慕尼黑空难发生了什么。"现在，历史不会在这些球员身上丢失了，"查尔顿说，"来到这里的所有人有时会感到困惑，他们不知道当年慕尼黑空难对曼联的影响。但是当俱乐部让我给队员讲讲慕尼黑事件和它的影响时，他们理解了，并对这件事表现出很大的兴趣。"仅仅几个月之后，这批队员在莫斯科的一场暴雨中打败了切尔西，赢得了欧冠奖杯。弗格森说正是查尔顿带领这些队员赢得了奖杯。

尽管过去的经验教训十分有用，但过多地思考过去可能在应对当下的变化时给你致命一击。我曾经和一位网球运动员一同工作过，他因在比赛中犯错而花大量时间责备自己。我问他，如果进行一轮比赛时，心里想着上一场比赛会怎样？他耸了耸肩。我为了说明问题，在他开始训练时，跳到了他的背上。尽管我感到很荒唐，但他却明白了我的意思。若我们花太多时间去想过去而不是当下，只能起到相反的作用，它让我们前进的步伐变慢。

2001年英国公开赛上，高尔夫球手伊恩·伍斯南犯了类似的错误。在决赛当天伍斯南刚刚领先，球童迈尔斯·拜恩告诉他，自己不小心忘记数清楚袋子里有多少根球棍。伍斯南多带了几根，因此犯规而失去了两次击球机会。尽管受到处罚，当时的伍斯南依旧领先。之后和我们大多数人一样，他把关注点放在过去发生的事情上。最后5个洞，伍斯南的注意力都在犯规那件事上而不是在真正的比赛上，于是失去了领先的地位。最后他排名第三，奖金少了23万英镑。**弗格森认为："有时候，表现出色就是掌握遗忘过去的艺术。"**

现在

珍惜今日，不要依赖明天。

——贺瑞斯

我们已经知道注意力多么有限，也了解了诸多事情同时争夺注意力分配是如何阻碍我们应对变化的。大多数时候，这些分心的事物往往可以预测，因为它们就是我们生活中习以为常的事情。例如，在体育界，这种分散精力的事情包括人群中的噪声、裁判的误判以及对手的心理战。而在工作中，根据环境会有更具体的情况发生，可能包括同事们不停的干扰、需要回复的邮件和永无止境需要回拨的电话。

曼联前中场球员罗伊·基恩的专注度就是一个传奇，他非常钦佩弗格森能使球员专注于当前任务的能力。"他袒露自己的明确目的性。他认真，专注，有动力，"基恩在弗格森的这些能力被广为人知前便赞叹道，"这些一直都令我惊讶，尤其是在周围狂欢的气氛容易使人忘记目标的情况下。"弗格森会站在更衣室门口简单地提醒球员，这是他最喜欢的方法，以确保他们保持完全的专注。他会正视所有球员的眼睛，与他们握手，告诉他们"记住你自己是谁，记住你是曼联球员。记住你为了今天做过的努力，现在去努力并坚持下去，你就会胜利"。

当安迪·穆雷在2013年第一次赢得温布尔登网球公开赛冠军时，他告诉记者，和弗格森的一次长谈帮助他成功应对压力——他成功地成为77年来英国俱乐部第一位拿下温网的英国本土选手。穆雷把他的建议称为"砂金"，说弗格森告诉他球队建立在一致性和专注力之上。"如果你能集中注意力，并坚持整场比赛，"弗格森建议他的苏格兰好友，"成功也就是自然而然的事。"

弗格森的建议与网球传奇比利·简·金的建议相似，她当时帮助玛蒂娜·纳芙拉蒂洛娃应对精力分散的问题，让她在1982年温布尔登网球公开赛决赛中恢复了注意力，"使纳芙拉蒂洛娃专注于当下"。比赛之前，纳芙拉蒂洛娃的关注点已经开始回到过去（担心之前的失败）和未来（失败会带来的结果），之后比利通过让她描述更衣间的墙纸的方式使她回到当下。比利·简解释道："这样做迫使她注意当下环境的细节，这样当她打球时，会用相同的技巧帮助自己聚焦于比赛本身。"

当下是运动员们在谈论处于巅峰时提及的状态。再想想你最佳表现的那次，就是在开篇章节回忆起来的那件事情。你想到了自己表现最佳的那个场合。我猜，当你身处那时，你心里思考的一定是当下。

为了学习如何专注于当下，试试这个练习。

将注意力集中在你的呼吸上，数着呼吸的次数。一……二……三……四……五。重复练习，一直数下去。看起来是个简单的任务，但是最终你的意识会游离。如果意识没有集中在呼吸上，记住是什么分散了你的注意力。集中注意力在呼吸上可以帮助你控制注意力的方向。女子马拉松纪录保持者保拉·拉德克利夫做过相似的训练来保证自己把注意力放在当下，也就是比赛本身。"我3次数到100——那就是一英里的路程，那就是我数里程的方式。我聚焦于那时那刻，而不是想着将要发生什么。"

当你被变化包围时，你必须全身心投入当下。喜剧女演员琼·里弗斯如此总结：

昨天已成历史，

明天依然是谜，

今天才最重要，

那就是它为什么被称作"礼物"①的原因。

将来

大卫·贝克汉姆和他的队友们正坐在曼联卡灵顿训练基地的更衣室里，这时俱乐部的运动心理学家比尔·贝斯威克走了进来。他讲了一个故事，将队员的想象带入未来，燃起了他们要为曼联书写辉煌的斗志。贝斯威克给他们讲了三人铺砖的故事，当他们被问在做什么的时候，"铺砖。"第一人答道。"在做每小时10英镑的工作。"第二人回答。第三人有更宽阔的视野，他说道："我在建造一个教堂，未来某一天，我会带着我的孩子回来，并告诉他们，他们的爸爸为这座壮丽的建筑付出过努力。"

贝斯威克建议贝克汉姆和他的队员可以把这三个方法应用到即将进行的训练中。"我只是在练习。"会成为第一个队员的答案。"我在做每小时1000英镑的工作。"会成为第二个。第三个回复会是，"我正在为建立有史以来最优秀的曼联队伍而努力，我将来会非常自豪地告诉我的孙子孙

----

① 英文中present既有现在的意思，也有礼物的意思，此处一语双关。

女们，当年我就是其中的一员。"贝克汉姆和同伴们一边训练，一边思索着贝斯威克的话。贝克汉姆迅速地在30码外进了一球，跑着喊道："建教堂者得1分，铺路者0分。"

SDR①这个术语引以表明我们给予未来的价值，你的SDR是反映应对变化能力时的一项重要指标。心理学家做过一个实验强调了这个观点。实验中，未被照看的4岁孩子们被告知，如果他们能多等15分钟再吃棉花糖，就会被奖励第二块。值得注意的是，当调查者14年后再次拜访这些小孩——现在已成为青少年的参与者时，发现那些等到吃第二块棉花糖的人在应对生活的不如意时比那些冲动的小孩更加从容。一个简单的奖励等待的测试是如何证明这一点的呢？道理似乎是这样的，如果在4岁时不懂得期待未来带来的好处，无法抵制眼前一块棉花糖的诱惑，似乎也不可能在18岁时就明白为考试投入时间学习能给未来带来的好处。

如果你想辨别自己是否是个过多关注未来的人，想一想你是否是"有朝一日岛"上的居民。如果你最终能到达那里，那里是一个你可以大有作为的地方。

有朝一日……写一本书

---

① SDR：Social Discount Rate，即社会贴现率，用来衡量未来收入和支出折算成现值的一个桥梁。

有朝一日……离开现有工作

有朝一日……要求涨薪

89岁的纳丁·斯代尔曾经写过一篇我非常喜欢的文章——《我会采撷更多的雏菊》。

如果我能够从头活过，我会试着犯更多的错。我会比这一生过得更傻一点儿，更柔和一点儿。我知道很少有什么事情能让我当真。我会笑得更多一点儿，哭得更少一点儿。我会更加疯狂。我会更少地注意别人看待我的眼光，接受真实的自己。我会爬更多的山，游更多的河，欣赏更多的日落。我会多吃一点儿冰激凌，少吃一点儿豆子。我会多去一些野营，少看一些电视。我只会有现实中的麻烦，不会有想象中的担忧。我会伤心而不会沮丧，我会担心而不会焦虑，我会烦恼但不会生气，我会后悔做错事而不会愧疚。

我会告诉更多的人我喜欢他们。我会接近我的朋友们。我会原谅别人，不会怨恨他人。我会跟孩子们多玩一会儿，跟老人们多聊一会儿。我会追求自己真正想要的东西，不去想我到底需不需要。我不会那么看重金钱。

你看，我像许多人一样，小心翼翼地理智地活着，一个小时又一个小时，一天又一天。噢，我有过尽兴的时刻，如果可以重来一次，我想要更多这样的时刻。但事实上，我不需要别的什么，仅仅是这些美好的时刻，一个接着一个。而不是想着第二天要做什么。我曾像那些人一样，走到哪儿都不会忘记带上温度计、热水壶、含漱剂、雨衣和降落伞。如果可以重来一次，我会到处走走，什么都试试，并且轻装上阵。我会播撒更多的种子，让世界看起来更美丽。我会勇敢地表达出我的爱。

如果我可以从头来活，我会延长打赤脚的时光，从早春到晚秋。我会逃更多的课，坐更多的旋转木马。我会采更多的雏菊，我会微笑，因为我会更自由地活着。

不要等到你89岁时才意识到注意力的重要性。你应积极地形成一种灵活的时间观，你要把全部注意力集中在所有有用的方向上，而不能养成让注意力的方向不受意识控制的恶习。我们的意识就像神秘博士异世奇人的塔迪斯①，一个我们必须学会明智利用的时间机器。当你应对变化时，你如何保证自己的注意力集中在真正重要的事情上？以下是另外3个可以帮到你的简单方法。

1. 接受干扰的存在

干扰是你身处环境的自然组成部分，它们就在那里，你

---

① 《异世奇人》中的神秘博士乘坐的塔迪斯是一种有感知能力的时间旅行宇宙飞船，这艘飞船的外观如同在该剧首播的1963年时在英国随处可见的蓝色警亭。

能做的事情微乎其微。不要尝试忽略它们，这样做会耗尽你宝贵且有限的注意力。

那么，你该如何应对它们呢？

2. 识别干扰——辨别出重要事项

投入时间识别出使你烦心的干扰因素。

英国足球后卫保罗·帕克回忆起一段特殊的经历，这个教训很有戏剧性："在一场即将输掉的比赛中场，我们回到更衣室。教练不太高兴，这时有人的电话响了。那时大家的手机铃声很相似，所有人都希望响的不是自己的手机。"史蒂夫·布鲁斯非常紧张地接了电话，并立刻关了机。教练一把夺过手机，布鲁斯忙解释道，因为他的妻子后背出现问题动了手术，正在住院，所以他需要保持开机。"我倒是知道4个差劲的后背，"弗格森喊道，"4个差劲的后卫！"说完，把布鲁斯的手机摔到了地上。

另一个不同——也更便宜的方法是应用交通信号灯这个比喻。比如，史蒂夫·雷德格雷夫爵士在获得空前的奥林匹克赛艇5连冠之前，就对赢得金牌的同事使用过这个比喻。他们进行了头脑风暴，列出所有可能影响胜利的干扰因素。然后把这些写在纸上，在训练中发生一次就打个钩，结果这些变得更像是有趣的游戏而不是干扰因素。然后团队成员之间相互询问这些干扰能否击败他们，他们一致认为不能。做完这些之后他们又被问到，如果干扰项确实影响了自己，用什么颜色来形容他们的自制力最恰当，他们的答案是红色。如果他们完美地控制了自己且进展顺利，就用绿色。他们也认为，琥珀色代表着做出决定的那一刻，代表对是回归绿色还是走向红色的选择。在整个奥林匹克锦标赛中，当他们觉得某项干扰因素会让他们失去注意力时，队员们就会发出统一的号召，以"保持绿色"。

能使你分散注意力的事情都有什么？列出一张清单，然后决定你该如何处理它们。

3. 我专注在真正重要的事情上了吗？

这个简单的问题可以有效地激发并且帮你重新将注意力集中到重要的事情上。一些和我在公司共事的高级经理，会在自己常用的物品上贴上便条——比如手机或电脑屏幕，上面写着"我有没有将注意力集中到真正重要的事情上？"这些便条会提醒他们不要偏离方向。

这和弗格森给托尼·布莱尔的新闻秘书阿拉斯泰尔·坎贝尔的建议相似。坎贝尔在2001年问弗格森如何处理劳心劳力的英国大选带来的压力。"你必须变得冷酷无情，"弗格森说，"就像戴上眼罩。除非你希望别人进入你的空间，否则不要让任何人进来。如果有人告诉你某件事情只有你能处理，为他们腾出几秒钟时间。如果你认为别人也可以解决这件事，就继续做自己的事情。"

另一个有效的解决方式是，设立一个过渡区。曼联的教练们通过这样的做法帮助球员抵挡来自家庭生活的干扰，集中注意力踢球。他们在距离训练场10码处画了一条白线，线后的区域是"思考区"。在思考区，球员可以从教练那里获得本次练习的目标。一旦他们知道了自己想做什么，就越过线进入"踢球区"。越过线之前，球员们必须开始把注意力放在训练上，忘掉一切干扰。教练会从一个要求球员掌控好球的练习开始训练。每个球员到达场上后，必须试着从上一名球员那里赢到球。当这个既定的做法使球员们进入状态后，教练知道他们的注意力已经集中，并可以接受进一步高质量的训练了。

你的过渡区可能是开车去上班的那段时间，甚至更往前是为第二天做准备的那段时间。当你穿衣服的时候，也同时打开了头脑的衣柜。你每穿一件衣服——衬衫、腰带、鞋子——就放下一个你担心的问题。换好衣服之后，你就已经摆脱了所有无用的分心事和个人忧虑，可以专心应对当下。

位于美国的荷兰商业银行在总部大楼外面使用了同样的想法，在入口正前方画了一条很粗的白线，白线上针对雇员写了一个问题："今天真的重要吗？"我也在工厂看过相似的东西，大门外画了一条蓝线。有这样一条规矩：一旦你跨过蓝线，你就不能再想着昨天的问题或是明天的挑战。跨过门槛意味着你的想法和意识必须聚焦于工作，别无其他。

现在想想有什么事情可以激发你提出下面的问题："我是否将注意力放在了真正重要的事情上？"列出你的想法清单吧。

05

| 第五章 |

改变你的看法

我一生都在等待这个机会。我并不觉得疲倦，因为那是奋斗的战衣。

——迈克尔·乔丹，于第一次赢得NBA总冠军前

让我们先从一个小测试开始。亚历克斯·弗格森爵士常常被说成是一个蛮横、专制又记仇的人，浑身散发着小说中黑帮头目的气质。就像托尼·索普拉诺，他们身上有着某些共同的"特质"，比如坏脾气和精明审慎。读完下面的问题，看看你是否能发现这位苏格兰人和索普拉诺两人之间的不同。

1. 他总是这样，叫我头儿和大人物。

2. 你们之中没有人能直视我的眼睛，因为你们都没有发言权。

3. 想要受人尊重必须先尊重别人。

4. 恕我直言，你完全不知道成为第一是什么样的。你的每一个该死的决定都彻底影响了其他所有的事情。

5. 如果你能记住这些规矩，那你就能遵守它们。

6. 错误的决定总是比犹豫不决强。①

　　虽然这些话出自两人中任何一人之口都不奇怪，但这未免有损大众眼中那个对人性洞若观火的弗格森的形象，他把自己作为教练的成功全部归功于他随机应变的能力，而这把解决问题的钥匙掌握在我们每个人手中。

　　在欧足联足球教练会议上，法国教练热拉尔·霍利尔曾经分享过自己对一名顶级教练需要面对无数项任务和要求的理解。他说，教练要承受无情的压力，正是这些压力最终引发心脏问题使他不得不退休。25年的经历让他明白了"5分钟法则"的重要性。具体来讲就是，"教练站在摄像机前的5分钟是最重要的，因为球员、球迷和雇员都想要从中寻找可能获胜还是失利的迹象"。

　　两个与弗格森有竞争关系的教练，阿尔塞纳·温格和何塞·穆里尼奥也同意他的观点。穆里尼奥把这"5分钟"称为"第二场比赛"，就像有了一个"在比赛前就开始比赛"的重要机会。温格认为"这段时间之所以关键，是因为整个团队的面貌都体现在教练的脸上。你能看出哪个教练更有压力"。为了更清楚地解释这一点，让我们看一下弗格森不太为人所知但却非常重要的讲话，这是他在团队遭受挫败5分钟

──────────────

① 前3句来自弗格森，后3句来自托尼·索普拉诺。

后发表的讲话，从中我们可以看出他不在场的情况下主导团队走向和全局的能力。

我们必须要恢复，而且必须要快。这在曼联历史上从未出现过，我们一定会恢复过来。

——1992年5月，自1967年之后曼联第一次失去联赛冠军

那已经是过去的事了，我更期待明天会发生什么。我们现在需要向前看。俱乐部面临很大的机遇，但同时我们也有很多挑战。你不会永远一帆风顺。当你遭遇困难，就必须要从中走出来。这种能力对我们这里每位球员来说都是巨大的肯定。

——1995年5月，在将联赛冠军输给布莱克本足球俱乐部

和将足总杯决赛权输给埃弗顿队之后

我不喜欢这样，但我们必须迎接挑战。我们必须开始行动。

——2012年5月，在曼联获得冠军之后

复兴，是曼联队努力的目标之一。我总是铭记在心底——这不是所有的胜利，也不是敞篷大巴上的庆祝活动。

——2013年5月

我很喜欢这些话，因为它们会提醒我，人生观会对我们产生怎样的影响，尤其是在充满变化的时候。但是这种影响不应该被高估，管理自己的人生观可以通过以下3种简单的方式：

· 乐观主义

· 寻找亮点

· 获得价值观

下面让我们依次加以分析。

乐观主义

乐观是引领人走向成功的信仰。没有希望或信心，任何事都没办法做成。发现星体的秘密、抵达未知领土或是建立新的灵魂信仰的人不可能是悲观主义者。

——海伦·凯勒，第一位在美国大学读书的聋哑人和盲人

2008年在莫斯科举行的欧洲冠军联赛决赛中，曼联队击败切尔西队赢得胜利，弗格森在比赛前到达赛场参加决赛新闻发布会。通常来说，面对这些媒体的曝光，教练只会说一些平淡乏味的官话，比如"我们很期待""我们会竭尽所能"。记者丹尼尔·泰勒看着弗格森走进演播室，心想这不过又是一次典型的走过场。但他发现，"他的举止更像是

像弗格森爵士一样思考——关于赢得胜利和管理成功的艺术

参加一次家庭烤肉宴会，而不是将要面对21世纪以来最重要的一次比赛"。泰勒和他的同事震惊地看着弗格森，"开始说'我爱你们'，他的眼睛闪烁着光芒，像教皇一样伸开双臂，'我是来传播和平的'，他笑了。"泰勒不动声色地说，"这不是通常意义上教练向记者、电视节目组员工、摄像师和身穿西装的欧足联官员说出的话。"但这就是弗格森最好的状态：温暖、有魅力、愉快，非常放松，尤其是处在紧急关头的时候。

"我感觉很好，"弗格森在被问及他内心状态时主动表示，然后他开始夸张地抖动胳膊，"当然，除了会发抖……"

宾夕法尼亚大学的马丁·塞利格曼教授是研究积极心理学的世界知名权威，他曾发表过大量相关课题的研究，他非常赞同弗格森的策略。在研究中，他使用了一系列科学依据证明，乐观的人生观能产生有益的影响，不仅能帮助我们应对变化，还能激发我们自身的免疫系统，改善心情。塞利格曼博士的研究证明：那些拥有乐观的人生观的人更有上进心，在面对挑战的时候更加坚定，并且更容易在应对长期变化的过程中获得成功。

他用了这样一个例子来证明。在一个2000名芬兰人参与的研究中，他们在回答了一系列问题后被分为悲观（认为未来没有希望）、乐观（对未来有很高期待）和中立（既不是很乐观也不是很悲观）3类。经过6年的观测期后，人们发现悲观比中立更容易死于癌症、心血管疾病和意外，而乐观的死亡率比其他两组都要低。垂头丧气无济于事，迎头痛击才能绝地反击，在经历一番挫折后，弗格森无比懂得这个道理。

1992年，曼联队未能夺得25年里第一个联赛冠军，之后他破例去马耳他度假一个月，反思自己为什么失去第一次真正的机会。弗格森说："在失败和接受失败的时候，会出现为我们指引方向的黎明。我的感受常常是，'我不喜欢这样，但我们总要面对挑战。我们必须开始行动。'不管是我还是俱乐部，都不会妥协，不会相信这就是我们的结局，所有努力都结束了。"当他回到俱乐部的时候，他传达给球员和球队支持者的是一贯的乐观。"当我们回归赛季前的训练时，弗格森做出了正确的尝试，"保罗·帕克说，"他传达出来的信息很明白：没有失败者，没有懊恼，要确保我们不再失败。我们心理上已经变得强大，而且每个人都希望纠正前一个赛季的错误。"

弗格森在他的介绍中也向支持者传达出同样的信息："重要的是，我们必须让自己不再去想曼联自1967年后未能胜利是一种诅咒。**我们必须从意志消沉中走出来，不要认为整个世界都在和你对着干，因为那样只可能带来失败和投降。**"

足球圈外也有许多力证。面对变化时，乐观面对失败非常重要。2001年9月11日的恐怖袭击之后，航空业陷入了一片恐慌，让我们对比一下美国两家航空公司的主席在混乱之后是如何很快做出反应的。

美国航空公司的首席执行官唐·卡蒂对他的雇员们阐述了这份"历史悠久且让人自豪"的产业如何"为解决我们的经济问题提供坚实的基础"。他提醒大家铭记公司拥有长久、卓著的历史，包括曾经在第二次世界大战中将一半的舰队赠予支持同盟军，他希望大家从中获得鼓舞。随后，他提出了一系列使公司继续运营下去需要实现的目标。工会将这次讲话称为"惊人的复活电击"，这家公司是美国唯一没有申请破产的航空公司。

与其相对应的是联合航空公司的首席执行官詹姆斯·古德温，他在同一时间发表了一封致全体员工的信，信中写道："毫不夸张地说，联合航空公司正在大量流失资金，"并说，"显然，如果资金流失持续下去，明年的某个时候公司就会破产。"在这封信之后，公司已经在下降的股票价格又下跌了25个百分点，最终被迫破产，古德温在两周之后被开除。

对于旁观者来说，嘲笑这一做法很轻松。喜剧演员比利·康诺利将乐观主义者定义为"某个人被狮子追，逃到树上，还能继续享受风景"。乐观主义是一种充满魅力的品质。在过去的24届总统选举中，美国选民19次选择了更乐观的候选人。我不是鼓励大家都成为伏尔泰笔下的格乐斯博士，不论在多么悲惨的情况下都能看到希望，只是建议大家不要只是跟随本能去发现错误、假设最坏的可能而已。

我们都具有乐观的能力。心理学家称之为"情感预测"。让我们通过一个例子看一下它是如何运作的。你曾经想买一件新衣服，并试图说服自己，购买这件衣服将会改变自己的生活，提升自己在邻居中的地位，让自己对异性更有吸引力吗？你相信买新衣服一定会给你带来更大的满足。你没有想过这种影响会迅速开始衰退。如果你考虑了这一点，大概就不会买它了对不对？我们通常高估了这些商品对生活的影响。但这也证明，我们天生都是乐观派。

因此，当面对变化的时候，你应该学会使用这种与生俱来的天赋。

让我们看看下面的两个练习。简单地说，它们说明了我们的思考方式会对我们的感知方式造成影响，从而影响着我们的行为。因此可以得出，如果我们希望改变自己的行为，就需要影响我们的感觉，影响感觉的最佳方式是改变我们的思考方式。例如，如果我们很悲观，就会产生消极的感觉，结果是没有自信，表现不好。相反，乐观的人生观会产生积极的情绪，更有自信，表现更好。因此，完成下面这两个练习，思考一下怎样才能采取更乐观的人生观面对改变。

1. 写出3个你曾经遇到过、抱以消极悲观态度的挑战。在想法、感觉、行为这3个关键词下描述当时的情况、你的感觉以及对你产生的影响。

2. 写出3个你曾经遇到过、抱以积极乐观态度的挑战。在想法、感觉、行为这3个关键词下形容当时的情况、你的感觉以及对你产生的影响。

亮点

1989年末，曼联的球迷已经对球队越来越糟糕的成绩和表现感到厌烦了，看台上甚至都出现了"3年来一直在找借口，还仍然在输球……多亏了弗格森！"这样的标语。弗格森称之为"黑色12月"，这是他"作为教练以来最低落、最绝望的低谷"。

他去见马特·巴斯比爵士，马特爵士深吸了一口烟斗问他情况怎样。弗格森说自己看过报纸以后感到很难过，"然后马特爵士问道：'你为什么要看报纸？'这是任何人都想不到的最简单的建议，甚至连我自己都没想到。"弗格森回忆道。而后他选择阅读一些同事和球迷写的支持他的信件。特别是其中一封帮助他走出了阴霾。

他原来在东斯特灵郡第一份教练工作的主席威利·缪

尔黑德给他写了这封信。他提出了这样一些问题："这还是原来我认识的那个亚历克斯·弗格森吗？是让我给予他第一次担任教练机会的年轻小伙子吗？是我原来看到的那个狂怒地拼命跑向前锋的人吗？是那个我必须拉着他才能不惹麻烦的人吗？我说的这个人是现在这位就要轻易放弃曼联的人吗？"这封信激励了当时的弗格森。他对球迷们承诺，20世纪90年代将会是球队的胜利年代，他实现了承诺。

这段在压力之中回忆精彩瞬间以自我激励的经历对弗格森来说是很重要的技能，他后来经常使用这种技能。他常常让球员停下，提出一些基本的知识性问题。例如，足球有多重等等，如果球员回答正确，他就会问一些别的问题。"亚历克斯喜欢经常给我们做问答，我记得有一次在大巴旅行时，韦弗·安德森让他说出4位名字中带有字母'x'的国际球员，"想让他说出前英格兰防卫麦克·达克斯伯里，"他说出了李、凯利·迪克森和格拉汉姆·瑞克斯，但就是想不起来第四个。我就正好坐在他旁边，便对他说'谢谢老板，这已经很棒了！'"

其他时候，弗格森就在他拥挤的办公室里给年轻球员做问答。"他们中有些人实在是很滑稽，"年轻教练埃里克·哈里森笑道，"这种问答起到重要的作用，球员们意识到他们能和教练一起放松一下。"弗格森经常用和对手或裁判开的玩笑让球员和同事笑起来，他对自己的这种能力很骄傲。"那个暴躁的里夫，"有次他开玩笑地说，"他跑起来就像屁股着了火。"听到俱乐部洗衣房的员工因为不小心在洗衣机里倒入了漂白剂违反了环境条例，弗格森让他们围成一圈，捏着鼻子，用假声假装是当地议会的官员说："我很奇怪，你们能不能解释一下为什么附近池塘里的鸭子都没了！"

加拿大体育心理学领军人特利·奥立克教授赞同弗格森使用的心理学战术，他提出了一个实现乐观的简单方法：

生活中充满了在平凡经历中获得简单快乐的机会。快乐就存在于敞开心胸、寻找快乐之中。任何能产生亲密感、联系、价值、贡献、成就、趣味、平衡或内心平静的情况都是获得快乐的绝佳机会。我们只需要睁开双眼、展开双臂、打开心胸去更多地感受这些时刻。虽然有些时候很短暂，但它们也能带来纯粹的快乐和魅力。我把这些奇妙时刻称为"精彩时刻"。

让我举一个自己的例子。我曾经很害怕坐车长途旅行，因为我不喜欢堵车。而现在，似乎没有什么办法能出门不坐车、不经历堵车。因此，每次要出远门的时候我都会先到休息站好好吃一顿。在我的旅行箱里总有一张喜剧CD。我的办法就是，只有在堵车的时候才允许自己听。现在，因为我很想听自己的新CD，有时候我甚至会祈祷能堵车。我是从高尔夫运动员格雷·普莱尔身上学到的这个点子，他把堵车看成是让自己练习慢下来、培养耐心的机会，因为他知道这是打赢高尔夫比赛的关键。

我也训练别人如何寻找自己的精彩瞬间。当你因为改变带来的巨大压力感到不知所措和疲惫的时候，找到体验美好时刻的机会非常重要。实际上，你应该主动设定自己的美好时刻体验目标，例如在接下来的一周内每天体验两个不同的美好瞬间。

在波士顿有一座大屠杀纪念馆，其中有6根柱子，代表了奥斯维辛集中营毒气室的6根烟囱。其中的5根柱子上是讲述集中营残忍和煎熬的故事。但第六根上写的是完全不同的故事。它讲的是一个名叫伊尔丝的小女孩，她是大屠杀幸存者和作家古尔达·韦斯曼·克莱因的朋友。古尔达记得某个早晨，大约6岁的伊尔丝在集中营的某个地方找到了一个覆盆子。伊尔丝一整天都把它放在自己兜里仔细地保护着，到了晚上，她眼睛里闪烁着快乐，把这个覆盆子放在一片叶子上给朋友古尔达看。"想象一下，整个世界你唯一拥有的东西就是一个覆盆子，而你仍然愿意把它送给你的朋友。"我很喜欢这个故事，因为它说明了美好时刻在生命体验中的重要性，即使在最黑暗的时候也是如此。

即使在你觉得没有一分钟空闲时间或者所有事情看起来

都是累赘的时候，也是可以随时体验美好时刻的。为什么不停下来欣赏一会儿景色呢？为什么不停下来倾听一会儿大自然的声音？为什么不花5分钟时间看看宾馆窗外城市的灯光？为什么不享受飞机着陆时候的景色？为什么不在没有事情做的时候聆听自己最喜欢的音乐？为什么不慢下来，不要再看手机或邮件，仔细品尝午餐的味道？享受时光的机会就在那里，只要你去寻找。

下面是我总结的有关从哪里开始寻找美好时刻的10点建议：

1. 下周在去上班的路上，努力欣赏沿路的景色。你会被自己看到的画面所惊呆。

2. 安排出时间阅读一本喜欢的杂志或一份报纸，听一个自己很喜欢的电台或看一档自己很喜欢的电视节目。

3. 计划和朋友每月共进一次午餐。

4. 每周至少抽出半天脱离平时的环境。你思考的70%的事情都将发生在现有的环境里。

5. 让你的孩子帮你解决一个你正头痛的问题。

6. 比平时多花费一倍的时间解决一个问题，享受没有压力的感觉。

7. 午间休息时间去公园里走一走。

8. 听一听音乐榜，你知道现在哪首歌排名第一吗？

9. 以享受为目的阅读一本书。

10. 看一个能让你笑出来的电视节目或电影。

如果你要开始找寻享受这些亮点的机会，你必须避免一心二用。记得上一章关于注意力的要点吗？即使你的身体正处于闲暇状态，但如果心思在别的地方，你也没有办法真正享受当下的时光。

想象一下你正在给孩子读睡前故事，但心里在想其他的事情。或者你正走在乡间的路上，但心里还挂念着办公室，计划着下周的工作。这些都是很好的享受美好时刻的机会，但你的心思不在正确的状态。面对变化，你需要活在当下，不仅仅在你工作的时候，也在你结束工作、休息放松的时候。你必须能真正感受到美好时刻，并用这种经历自我更新，为自己充电。

如果你静下心来仔细欣赏，总有享受美好时刻的机会。如果你每天真的找不到几分钟时间来享受，你将会在各种要求和压力之间挣扎。如果你还需要一些额外的动力才能找到时间，那么你应该反思一下，平均来说，家长每周与孩子进行有效沟通的时间不到30分钟，但每天晚上却会花3个小时看电视。

这些美好时刻可以帮助我们在遇到困难和挑战的时候指引方向。奥立克教授说，这种方法是减少压力、保持健康、享受生活的一个重要部分。根本上，这是一个控制思考的方法。你的想法只由自己控制，虽然你不能掌控所有情况，但

像弗格森爵士一样思考——关于赢得胜利和管理成功的艺术

你能控制自己的反应，保持积极的人生观。把注意力放在享受美好时刻上，能帮助你控制自己的情绪和行为。

列出下个月你要享受的美好时刻吧。

价值观

戈登·斯特罗恩曾在亚伯丁和曼联为弗格森效力。他被要求讲讲对足球管理需要的投入程度和坚持价值观需要付出的代价的理解。

"当亚历克斯·弗格森的妻子凯茜因一系列健康问题被送往医院急救时，"他说，"我突然对此有了很深刻的理解。这对弗格森来说是非常难过的时刻，因为我们和他相处的时间很长，从在亚伯丁时就认识了，我的妻子莱斯利非常愿意帮助他，帮他熨衣服、买东西、照看3个儿子——马克、杰森和达伦。那是我和他关系最近的时候，我对我们之间关系最生动的记忆就是他坐在我们的客厅里吐露心声，和我们讲述他是如何对待家人的。"

"凯茜的病让弗格森展现出了他的另一面，这是我们从未见到过的。在说到自己没有给妻子和孩子足够的重视的时候，他变得非常感性，哭了出来，这是你在他身上绝对想不到的。"

"我没有见证儿子的成长，但我见证了一代年轻球员的成长。"弗格森曾经后悔地说。斯特罗恩发现，当他自己转为做一名经理人之后，"这段回忆帮助我形成了自己的人生观、态度和工作方法"。

学会调整价值观，清楚什么才是重要的，对于管理变化的人生观非常重要。创造性专家爱德华·德·博诺的研究表明，我们思想中90%的错误都要归咎于我们的感知。有一个例子可以表明价值观是如何影响我们的决定的，美国顶尖医学专家罗伯特·高曼博士在2000年悉尼奥运会之前做了一项调查，他询问了200名世界级运动员一个很有意义的问题：如果有一种药能让你在接下来的5年之内不会失败，但在5年之后就会死去，你愿意服用吗？令人难以置信的是，52%的人都表示愿意。值得注意的是，悉尼奥运会也是有记录以来，未能通过药物检测的运动员人数最多的一届奥运会。

我们能从下面这首世界著名的情歌中得到一些转换视角的启发。

有时她摇曳的身姿，
让我想起一棵花椰菜。

这是著名的披头士乐队在《某些事》（*Something*）中的歌词，可能和你记得的不一样，但这才是最开始的版本。传说中的制作人乔治·马丁说，当乔治·哈里森第一次开始创作歌词时，他为要使用哪个单词苦闷了几个小时。约翰·列侬明白什么才是重要的，他提出了一个简单的解决方案，"就先放进去一个单词，"约翰说，"任何单词都行，先让它看得过去，先想下一句，然后再回来改，你就知道什么重要了。"

哈里森第一行写道：她摇曳的身姿里。他也写出了第二行的开头：让我想起。他想要一个5个音节的单词，但没有想到合适的。列侬为他完成了第二行：让我想起一棵花椰菜。"现在继续写，"他说。乔治能继续往下写了，虽然多花了一些时间找到重点，最终他找到了合适的单词替代列侬最喜欢的蔬菜。就这样，"让我想起一棵花椰菜"变成了"让我想不起其他任何情人"。

当你需要经历特别艰难的阶段，被困于要求和挑战中是很自然的事情。当改变的压力逐渐增大，而你就是无法看到希望时，保持平衡尤为重要。这不仅仅是保持工作和生活的平衡，还要始终明白什么事情才是最重要的。

比尔·盖茨深谙价值观的重要性，这帮助他在成为世界首富之后，又把大部分财富捐献给他和妻子共同运营的慈善基金会。他一年中会有两次时间单独去遥远的小屋，带着来自微软团队的想法，在远离日常工作的地方阅读、反思、思考。在比尔·盖茨通过的诸多商业创意之中，微软网络浏览器和线上视频游戏项目就是在隐居之后决定推行的。谷歌也将这种方法引入自己员工的工作中，员工有10%的时间可以用来构思自己感兴趣的新想法。谷歌新闻就是这样出现的，这款应用搜集了世界各大媒体的新闻，并组织好这些信息，呈现在用户面前。

心理学家把这种方法称为"洗澡、床和公共汽车综合征"。它的命名实际上颠倒了顺序，分别讲的是爱因斯坦坐在苏黎世的电车轨道上突然明白了观察者的相对运动如何影响时间和空间的感知；莫扎特在床上躺着的某个时刻，在脑海中听到了整首交响乐；阿基米德发现了排水原理，跳出浴缸，在锡拉库扎的大街上边跑边喊："我发现了！"这个症状的名字真的很直白。**当改变让人气馁、一个又一个困难向你袭来的时候，当压力似乎永无止境的时候，当没有人欣赏你辛苦的工作的时候，懂得问题孰轻孰重尤为重要。**

弗格森在主席马丁·爱德华兹的建议下学到了这一点。主席和他说，除非他找到一种兴趣或是能分散注意力的事情，使他正确认识事情的重要性，否则不健康的工作负重可能会要了他的命。"观看足球比赛的观众可能认为我是个工作狂，很少看到曼联外的娱乐。确实是这样。"他这样承认道。有次他破天荒地休息了一天，和妻子去马术的精神故乡切尔滕纳姆走了一圈，很快喜欢上了马术。他回忆道："我发现自己控制不住地问凯茜：'你想买一匹马吗？

我想这会是让我放松下来的一件事。''你这个想法是从哪儿来的？'她说，'亚历克斯，问题是，你会想买下每一匹纯种马。'"

他在1996年买了第一匹赛马——昆士兰之星，以他父亲的一艘船命名，他曾帮忙建造了那艘船。"这变成了我的泄压阀，我不再在自己的办公室里停滞不前，或是在没有尽头的电话中消磨时间，我可以通过想想马场来转换一下思维。这让我从疲倦的足球工作中得到解脱，很好地分散了注意力，这就是为什么我让自己投入进去的原因。"

布莱恩·克拉夫经常提到以更宏观的角度看待比赛的重要性。在20世纪80年代早期，他当时正带领诺丁汉森林队走向空前的成功，他带着自己的球员去当地的煤田，认识什么是他认为的"真正的工作"，他提醒球员，做一名职业球员是多么幸运。还有一次，他推迟了训练，带着团队参观重刑犯监狱，强调他们的幸运。

弗格森在与乔克·斯泰恩的友谊中得知了这一点。"我记得斯泰恩告诉我他在矿场工作的经历，他说'你从那个矿井下到地下1英里的地方，什么都看不见。你都不知道身边的人是谁，但他就是你这辈子最好的朋友'。"弗格森停了一下，"所有的这些教训都聚集在你的性格里，永远不会失去。"

弗格森世事洞明，人情练达，凡事拎得清轻重。虽然他曾经立誓要"把利物浦队赶下宝座"，但在希尔斯堡惨案①之后，他也是除利物浦外第一位拜访默西塞德俱乐部安菲尔德体育场表示悲痛和支持的公众人物。在媒体不知情的情况下，他还向基金会捐助了巨额支票。

　　对待记者也是一样，虽然他轻视媒体，但在得知前曼彻斯特晚间新闻现场记者戴维·米克确诊癌症后，他表示很赞赏米克对人类的影响。"我不得不告诉亚历克斯这个坏消息，16年来我第一次不能替他写简介了，"米克回忆道，"他想知道为什么，当我告诉他我要去医院做手术了，他注视着我的眼睛，说出了我真正想听的话，'你一定能行！'"

　　"医院里有弗格森送的一大束鲜花在医院等着我。在我回家康复一周之后，就在我郁闷消沉的时候，电话响了。没有自我介绍，他甚至都没说自己是谁。一个声音从电话线那头传来，'苏格兰野兽正在过来的路上！'20分钟后他到了我家门前，问题是他根本不用这样做。他是一个特别忙的人。我们一起度过了一个愉快的下午，聊了足球和家庭。我永远不会忘记他是如此友好，给了我这么大的支持。"

---

① 希尔斯堡惨案：1989年4月15日，在英国谢菲尔德市希尔斯堡体育场举行的利物浦队对阵诺丁汉森林队的足总杯半决赛中，由于球场结构问题和组织秩序混乱，造成严重的踩踏伤亡事故，导致96人丧生，200多人受伤。——编者注

可以作为一个测验，当你面对这些事情时，你能否保持自己正确的价值观？先想想能让你失去它的触发物（trigger）是什么。弗格森的触发物是一张被他看作"但丁的地狱"的照片，就钉在更衣室的墙上。照片上他和球员坐在联队的长椅上，脸上写满了心烦意乱，当时他们已经知道输掉了1992年的联盟冠军。"这是个提醒，防止失败再次发生，"他解释道。

认识到这些触发物的存在是做出行动的第一步。什么类型的事情能让你在压力中失去平衡？在一张纸上把它们列出来。你的触发物可能和工作时间、同时承受的压力程度、上司的态度以及工作与生活平衡的挑战有关。对于我们每个人来说，触发物都是不一样的，但你需要知道它们是什么。

当你了解了自己的触发物，你就能做出计划，改变态度。该计划分为两部分：第一，生活中有哪些事情是你应该重点关注的？让你觉得自己很幸运的事情是什么？第二，什么经历能帮助你分清事情的重要性？换句话说，如果你是足球运动员，什么事情相当于去参观煤矿？[1]你可以考虑下面几件事：

你最重视的是什么？

你最享受做什么事情？

---

[1] 指做与踢足球完全无意义的事情。——编者注

你什么时候最快乐？

写下你的答案。

在本章的最后，我想提醒大家，你的观点由自己控制。想想如何管理它，一些小的调整可能带来积极的影响。想象一下如果你更加乐观、尽可能享受那些精彩时光，而且总是保持平衡的价值观，你的表现将会多么精彩。这样的方法会帮助你应对所有的变化。

06

| 第六章 |

改变记录

66

66

6666

——佚名

渴望得到反馈

作为一名积极的竞猜选手，亚历克斯·弗格森爵士曾两次接受挑战参加一档很受欢迎的电视节目《你想成为百万富翁吗？》。节目中，亚历克斯·弗格森需要坐在椅子上回答问题，获胜者可为慈善事业赢得100万英镑。每次参加节目，他都能在退出之前成功到达价值32000英镑的问题这一关。尽管弗格森断言自己"从来不惧怕做决定，而且会一如既往，一往无前"，但他在做决定之前却十分乐意寻求反馈、向他人学习。反映在智力问答节目中就是他能够机敏地运用自己的"生命线"，而"生命线"可以让他向观众寻求帮

093

助。在他的职业生涯中，我们也可以看到他是如何运用类似的策略取得更大成功的。那么我们如何培养自身引领变革的能力呢？方法之一便是积极地寻求反馈。而反馈不会自己找上门来，需要主动寻求。

不论是在体育界还是在商界，那些顶尖选手通常都乐于接受反馈，因为他们理解不断适应和提高的重大意义。一个人需要非常清楚自己的优势，以及自己能够在哪些领域获得潜在发展。**反馈是获得这些信息的关键方式，但是由于别人的意见可能并不那么悦耳，获得反馈的过程也会艰难曲折。**

关于反馈的谈话中，弗格森很可能会谈到吉米·亨德里克斯，并乐此不疲。吉米·亨德里克斯使用谦逊的方法助长自己的欲望，让自己成为传奇摇滚吉他手。吉米·亨德里克斯的经纪人表示，亨德里克斯曾经在一个俱乐部待了整宿，就是为了听一位音乐人弹奏音乐，而这位音乐人被称为"人类历史上最糟糕的吉他手"，尽管这么称呼已经算是仁慈了。当他的经纪人问他为什么想待在那儿听噪声时，亨德里克斯冷冷地回答说，"目前来看，他弹奏的音乐很糟糕。但是也可能由于他弹奏的东西以前从没被弹奏过。如果真是这样，我愿意待在那儿学习学习"。

也许你不喜欢自己得到的反馈，但却可以从中学到有用的东西。拥有这种态度的人可以经受变革并始终处于不败之地。

让我们快速地玩个游戏，通过这个游戏来解释弗格森是如何应用这一点的。

像弗格森爵士一样思考
——关于赢得胜利和管理成功的艺术

问题：

史蒂夫·布鲁斯

埃里克·坎通纳

克里斯蒂亚诺·罗纳尔多

签下这三位球员有什么共同之处吗？

回答：

三位球员被签约都是因为弗格森乐于寻求反馈。

例1：史蒂夫·布鲁斯

布莱恩·罗布森回忆说，20世纪80年代末曼联后卫受伤影响了球队的成绩，当时球队陷入了困难时期。"受伤原因导致我们的中卫出现问题，我知道老板已经决定另外引进一名中前卫。我想我能帮他找到他想要的人。"

"我过去曾仔细看过《人物》报纸上的球员等级，并且时时关注那些得分一直很高的球员。我告诉主教练：'那个在诺维奇效力的家伙，评分好像一直是星级。有谁考虑过他吗？'"罗布森的问题让弗格森对这位球员产生了兴趣，之后不久弗格森便以82.5万英镑的价格签下了布鲁斯。后来，弗格森称接下来的8年布鲁斯"对构建俱乐部的文化至关重要"。

例2：埃里克·坎通纳

当弗格森选择向史蒂夫·布鲁斯和他的后卫搭档加里·帕里斯特询问某一球员的优点时，史蒂夫也给弗格森做了反馈。帕里斯特回忆他们在球队教练背后和弗格森的一次谈话："一天晚上他问史蒂夫和我觉得埃里克·坎通纳怎么样，当时坎通纳正为利兹联效力。我们回答说：'的确，作为一个球员，坎通纳有点儿本事，而且是与众不同的本事。'"这"与众不同的本事"是自信、确信和自大的特质，正是运用这些本领，坎通纳帮助俱乐部和弗格森赢得了第一个联赛冠军。"坎通纳是'开罐器'，他能创造别人看不见的机会。"这是弗格森对这位法国传奇球员的评价。

例3：克里斯蒂亚诺·罗纳尔多

2003年夏天，曼联在季前友谊赛中对阵里斯本竞技队。当时，爱尔兰后卫约翰·奥谢对阵一名年轻的18岁边锋。弗格森回忆说："第一个传球后，我禁不住大喊：'天哪，约翰，紧紧看住他！'"奥谢只是耸耸肩。弗格森接着说，"奥谢的脸上逐渐露出痛苦和迷惑的表情。和我一同坐在休息区的其他队员说道：'天哪，教练，那个家伙踢得不错，就是那小子。'"里奥·费迪南德也说道："我们都看到那个瘦削的高个子小伙儿实在了不起，并不是只有我一个人说要签下他。"弗格森向他们保证自己会签下这个小伙子。当时他也表示："除非我们签下这个孩子，否则我们绝不会离开。"比赛哨声结束后的几个小时，克里斯蒂亚诺·罗纳尔多加入了曼联。

那么，从什么人那里得到反馈呢？

一项最新的研究把41位科学领域的诺贝尔奖得主和一组与他们一样经验丰富的同龄科学家做比较，结果发现这两者之间最大的不同是诺贝尔奖得主比其他科学家征求了更多的意见。诺贝尔奖得主乐于接受各种不同的意见。

为什么会这样呢？嗯，你也许听说过叫作"基本归因错误"（FAE）的综合征。对于这种症状，我们每个人都是易感人群。也就是说，我们倾向于从那些与我们有相似观点的人那里寻求反馈。在研究FAE如何起作用的试验中，我最喜欢的一个是研究欧洲人在什么情况下按响汽车的喇叭。

这项实验异常简单。一对男女开着一辆灰色的大众甲壳虫汽车，经过德国、法国、西班牙和意大利，车身上有澳大利亚的标志，以区别司机的国籍。当开车穿过一个城镇时，他们会停在信号灯前。当信号灯变绿时，他们也不开车离去。实验者接着会注意后面的司机多久之后才会按响喇叭。

结果表明意大利人最不耐心，平均大约5秒后就会按响喇叭。紧随其后的是西班牙人，时间大约是6秒。然后是法国人，时间约为7秒。而德国人是最耐心的，时间约为7.5秒。

在实验的第二阶段，车身的澳大利亚标志被换成德国标志，然后重复同样的行为，把车停到信号灯前。而这一次，意大利人、西班牙人和法国人按响喇叭的时间间隔要短得多（在3秒到4秒）。然而，在德国情况却完全不同。因为后面的司机认为甲壳虫的司机同为德国人，他们就变得更加同情后者。这些德国司机按响喇叭的时间间隔也是最长的，而且这次他们等待的时间也更长，达到了8秒。标识这样简单普通的事物都会影响到司机相似（或不同）的感觉，并会对他们的耐心产生重大影响，影响他们按响喇叭所需要的时间。

换句话说，如果无法收集到各种各样的反馈，其中的危险是，拥有相似想法的小群体只会告诉一个人他爱听的话。这一极端版本便是在猪湾事件①中出现的这种群体思维，在这个计划中约翰·菲茨杰拉德·肯尼迪的顾问团非常团结，以至连实际上出现异议的可能性都变得无法想象。

亚历克斯·弗格森爵士说道："我读过许多历史书。大部分历史书都很少涉及体育，但是其中总是存在我们可以学习的真知灼见。"多丽丝·卡恩斯·古德温关于亚伯拉罕·林肯的政治传记《对手团队》（*Team of Rivals*）便是其中一例，这本书是他的朋友阿拉斯泰尔·坎贝尔送的。弗

---

① 猪湾事件：1961年4月17日，在美国中央情报局的协助下，逃亡美国的古巴人在古巴西南海岸猪湾向菲德尔·卡斯特罗领导的古巴革命政府发动的一次失败的入侵。

格森说道："这本书让我意犹未尽。其中令人着迷的是林肯如何团结大人物的，让他们基本上和自己保持同一阵线，而这些人也曾经不想让他成为总统。"弗格森认为，"我可以从中学习团队构建和团队管理的艺术。书中归根结底说的是如何管理不同类别的人和各种各样的关系。"

对幕后支持人员的出色管理是弗格森在曼联任职时的一个重要特征。"这25年来曼联踢球的方式一直在变，我们签下新球员来适应新体系，有时是为了扩大与对手的优势，有时是为了缩小差距。"弗格森说道。幕后团队的吐故纳新也让弗格森通过新人的眼睛看清挑战，而不会让球员在训练场上走向陈腐。

弗格森来到老特拉福德球场时，在他身边的是阿奇·诺克斯。诺克斯是弗格森的同事，深受其信任。1980年苏格兰阿伯丁登顶联赛时，诺克斯一直是弗格森的得力助手。当时的阿伯丁处于黄金时期，1983年在欧洲优胜者杯决赛中击败强大的皇家马德里队获得冠军。诺克斯的早期生涯不怎么顺利，不过一直和弗格森共事，直到1991年他离开加入格拉斯哥流浪者。替代他的是曼联以前的宠儿布莱恩·基德。基德曾经是曼联的青年发展事务员，而当时著名的"92班"也正在幕后培养中。曼联结束自己26年的冠军荒时，他们在一起共事。基德是和弗格森共事最久的助理教练，任职长达7年，直到布莱克本将其挖走，让基德担任该队的新任教练。在长达7年的合作中，弗格森—基德组合为曼联赢得了4次联赛冠军和两次足总杯冠军。

而让当时还名不见经传的史蒂夫·麦克拉伦加入曼联，成为基德的继任者才是最让人鼓舞的一件事。失去基德让弗格森感到失望，不过他表示已经让同事在全国寻找"外面最优秀（而且是最勤奋）的教练"。1999年初，未来的英格兰教练史蒂夫·麦克拉伦加入曼联，而当时他在德比郡担任吉姆·史密斯的助理教练，这之后几个月是曼联历史最光辉的篇章——"三冠王"。弗格森曾这样评价麦克拉伦："他组织能力强、很强势，并且总在寻找新的想法。麦克拉伦天生就是优秀的管理人才。他精力旺盛，性格很好。"在麦克拉伦任教的两年半时间里，曼联取得了许多成功。他离开后，弗格森选择了南非国家队前任主帅卡洛斯·奎罗斯作为他的副手。弗格森认为这位葡萄牙籍教练"聪慧过人"，为俱乐部引入了许多新想法。弗格森表示："他是最接近成为曼联主帅的人物，虽然实际上并未担任主教练。他承担了许多本来不必承担的事情。"

奎罗斯离开曼联后，弗格森选择了流浪者前任主帅和埃弗顿主教练沃尔特·史密斯担任自己的助理教练，之后沃尔特·史密斯被任命为苏格兰国家队主教练。后来弗格森又劝诱奎罗斯回到曼联任职，任期4年。在这4年中，曼联赢得两次联赛冠军和2008年的欧冠冠军。奎罗斯被任命为葡萄牙国家队主教练后，接替他的是前曼联中场球员迈克·佩兰。佩兰陪伴弗格森走完了他在老特拉福德球场的最后5年，这5年中曼联又举起了3次联赛冠军奖杯。

在赛场休息区的这些岁月里，弗格森也持续不断地从导师那儿获得了大量意见和建议。弗格森回忆自己在1983年欧洲优胜者杯中带领阿伯丁，在决赛中以2∶1击败皇家马德里获得历史性胜利前倾听乔克·斯坦指导的情形，这给了弗格森很大的帮助。乔克·斯坦在1967年指导格拉斯哥凯尔特人队成功夺得欧洲冠军杯（这在当时几乎是不可能的），而斯坦也成为让英国足球俱乐部登上欧洲足球顶峰的第一人。弗格森曾邀请斯坦到自己决赛前的训练营，斯坦给弗格森提了一些意见，教他如何去对付对手主帅阿尔弗雷多·迪·斯蒂法诺，后者也被誉为伟大的球员之一。

弗格森说："斯坦给我提了一条有趣的建议，让我给伟大的迪·斯蒂法诺买瓶上好的威士忌作为礼物。'好让他觉得自己很受重视，'斯坦说，'就好像进入决赛时你感到非常兴奋，酒的价格可以自己编'。"弗格森回忆说："比赛前夜我把威士忌送给迪·斯蒂法诺时，他感到非常吃惊。"8年后这种做法再次奏效。曼联和巴塞罗那同样在比赛的决赛中碰面，弗格森送给对方主教练约翰·克鲁伊夫一瓶威士忌。在鹿特丹一个激动人心的夜晚，曼联以2∶1击败了巴塞罗那。

从什么人那里寻求反馈呢？选择受你尊重，能够为你提供真诚、实际意见的人。问的问题每个人很可能都不相同。这些问题可能包括：当你想起我的时候，你想到的第一件事是什么？哪一个词或短语可以总结我的个性？为了成为更好的自己，我可以做出哪些改变？你最珍视我哪个方面？你认为我最突出的才能、优势或技能是什么？

在以下的3列表格中找出你的答案，也许会为你提供某些帮助：

人物	时间、方式	内容
挑选3个人，我可以从这3个人中寻求反馈，而且我尊重他们的观点。	寻求他们帮助的最佳时机是什么时候？他们提供反馈时应采取什么方式——是书面形式还是口头形式？	具体来说，在向他们每个人寻求反馈时应该问些什么内容？
1. 2. 3.		

面对反馈要控制自己的反应：谨记3.5分钟法则！

那么，如果你已经决定接受我的建议去获得反馈，接下来该怎么做？没错，你的反应非常重要。

在美国，针对医生的医疗事故诉讼，通过分析可以发现，许多技艺高超的医生经常面临起诉，也有许多经常犯错的医生却从未面临过法律诉讼。这两类医生之间最大的不同仅仅因为3.5分钟。具体是这样的：

和那些经常被起诉的医生相比，那些从未被起诉的医生花在病人身上的时间平均要长3.5分钟（预约时间分别为18.5分钟和15分钟）。有趣的是，这两类医生给病人提供的建议，质量上并没有什么不同。真正不同的是他们是否有耐心倾听。

我们每分钟能听大约600个词，而每分钟最多只能说150个词。实际上，我们倾听的速度是一个人说话速度的4倍。也就是说在获得反馈时，我们倾向于对最先听到的事情很快做出反应。我们不应该滔滔不绝，而应该选择倾听。这正是弗格森的一些球员经过几番辛苦才吸取的教训。最有代表性的例子可能就是彼得·舒梅切尔，这位高大的丹麦籍守门员。舒梅切尔在一次争辩中据理力争，而当时在场的人认为这次争辩是弗格森生涯中最恼火的一次。

1994年1月，曼联在和利物浦的比赛中失去了3∶0的领先优势，最终以3∶3打成平局。比赛结束后，曼联球员躲在安菲尔德球场的更衣室中。这里是曼联最强硬的对手利物浦的主场，而愤怒的弗格森猛烈指责球队的守门员——虽然如此，这场比赛仍被视为英超联赛中最精彩的一次比赛。弗格森根本不在意中立性的观点。据舒梅切尔和他的队友加里·帕里斯特透露，曼联最强大的门将激起了球队主帅的愤怒。因为弗格森认为是守门员的球门球屡次不佳才导致这样的结果，而门将舒梅切尔却顶撞了弗格森。舒梅切尔说道："我不知道自己该说什么，我觉得他是指责我，认为是我造成了这样的结果。虽然这种说法可能有点夸张，但情况却是我在下半场每隔20秒就被迫发一次门球。"

事情过后，舒梅切尔认为现在弗格森的愤怒与糟糕的球门球（门将舒梅切尔仍旧驳斥这一控诉）关系不大，更大程度上是因为看到自己球队在利物浦丢掉了3球的领先优势，因而感到沮丧，无法接受这种耻辱。舒梅切尔说道："我对自己本来就感到愤怒！一个好的球队怎么会丢掉3：0的优势，且面对这种情况还无能为力呢？弗格森攻击我时，我就这样问自己。"

"当时我已经无法控制自己，这个巨大的争论如闪电般很快变成针对个人的攻击，以至我都不在乎到底说了什么了。这真是让人感到非常尴尬。这场争论变成了两股意志之间的对战，没有人会想到让步，也没人能够让步。"

"我说了最糟糕的话。我质疑他作为主帅的能力。我质疑他的个人能力。"

当时在场的史蒂夫·布鲁斯已经瞠目结舌、沉默不语了。他回忆说："弗格森也没有让步，他甚至还一度威胁要把茶杯扔到舒梅切尔脸上。"门将舒梅切尔结束了争吵，"我背对着他朝淋浴室走去，非常尴尬地意识到换衣间如死一般沉寂。"这次冲突发生后的第三天，弗格森开了一次会，并且邀请舒梅切尔加入。"他要我坐下，看了我一会儿，然后说道：'我想你知道我别无选择只能辞退你？'"

舒梅切尔向弗格森表示了深深的歉意，而弗格森也接受了他的道歉。但是，弗格森说道："我还是不会改变我的决定。"不过，当弗格森听到舒梅切尔因为自己"幼稚"的行为向队友道歉时，他又改变了自己的想法。舒梅切尔真诚的行为打动了弗格森，这才让他能够在接下来的5年半时间里继续为弗格森效力。

显然，如果你遵循这个建议，从各种各样的人那里获得反馈，那么你收到的反馈并非都是积极的。你可能会收到一些自己不喜欢或者不认同的反馈，把握和掌控你对反馈的反应也是经受改变的一部分。下面让我详细说明一下当我们接收反馈时需要经历的6个阶段。它们分别是：

震惊

愤怒

否认

合理化

接受

行动

当我描述反应的这6个阶段时，我会给这6个词贴上色标。震惊、愤怒和否认属于情绪上的反应，而且通常强烈且消极，因此我把它们归于红色区域。合理化和接受有关思考，经过深思熟虑，并预示会通过建设性的方式接收反馈。因其较柔和、冷静，我把它们称作蓝色区域。最后，绿色区域会向前更进一步，采取行动来改变我们的行为。那么了解认识到反馈和它的价值，就可以准备执行计划来改变你的态度了。

绘制一个包含这6个阶段的表格（如下表所示），填写自己典型的反应。

红色区域：情绪	震惊	哇——我没预料到会是这样。这些评价真让我感到震惊。
	愤怒	他们怎么敢这么说！我要等待机会报一箭之仇。
	否认	我从来都不是那样的。我从来没有那样做过。我不明白他们为什么专门挑出那个例子。
蓝色区域：思考	合理化	的确，他们那样想的原因是他们不知道我承受的压力。不管怎样，我就是这样一个人。为什么我要做出改变呢？看看我的总体表现。我做的是好事，难道不是吗？
	接受	好吧，我承认需要做出改变。
绿色区域：行为	行动	好的，我的行动计划是什么？我会用最实际的方式利用好这些反馈来改善我的表现，并且持之以恒。我就应该从明天开始行动。

那些能够掌控变革的人可以很快完成这6个阶段。他们不

会在早期的震惊、愤怒、否认和合理化阶段逗留太久。他们
会很快进入下面的阶段，接收反馈，考虑反馈如何能为他们
带来帮助。弗格森在管理方面的显著特征就是他有能力驾驭
这6个阶段。"你可能会和他产生激烈的争论，但是第二天他
对你像往常一样，"李·夏普说道，"就好像他完全忘了之
前发生的事，继续前行。"

　　1991年与加里·帕里斯特争吵之后，弗格森就是这么
做的。那次争论发生在中场休息时的换衣间，当时曼联队和
女王公园巡游者队在英格兰足总杯上发生了冲突。弗格森指
责帕里斯特被对方的中锋欺辱。而当时帕里斯特反驳了弗格
森，弗格森也驳斥了帕里斯特，称这位中卫是"懦夫"。帕
里斯特说这个侮辱"就像是点着了的火药桶"，双方都站起
来相互争吵，"非常激烈"。帕里斯特说道："我毫无疑问地
确信弗格森决定要对我动手，至少他头脑中闪过这个想法。"

　　虽然最终幕后工作人员把两人分开了，但是弗格森告
诉帕里斯特下半场不会再让他上场，而且他们还继续"相互
对骂"。弗格森的助手阿奇·诺克斯一方面劝说弗格森重新
考虑自己的决定，另一方面试图劝说帕里斯特下半场回到球
场。"这样做是为了你的队友，证明他（弗格森）说的是错
的。"诺克斯这样告诉气愤的帕里斯特。帕里斯特也同意回
到球场，并且帮助球队以2∶1获胜。

　　第二天，帕里斯特来到球队训练，迎接他的是另一次相

遇。弗格森的接待让他感到震惊。帕里斯特说道："弗格森坐了下来，在桌子对面注视着我，做了一件让我意想不到的事。我还能清楚地记得他的原话：'我想对比赛中场休息期间说过的话向你道歉。'"

"我坐在那里，完全不知道该说些什么，毫无疑问我非常吃惊。我都惊呆了。"

弗格森继续说道："我做得太过分了。我说了一些本不应该说的话。我错了。"弗格森接着向帕里斯特解释道，他不应该在中场休息时和自己的球员争吵。弗格森说："我只有10分钟的时间尽可能快速清楚地传递我的信息，可能非常直接，但是如果说得不对我也会承认错误。"

关于反馈的最后一个忠告是，不仅要根据自己的发展需要，还要基于自身优势来获取反馈。学会尽可能地发挥自身优势和管理自身弱点同样重要。所以，要确保投入高质量的时间，以获得良好的反馈效果。

| 第七章 |

改变你的自信程度

奉承我，我也许不会相信你。

批评我，我也许不会喜欢你。

忽视我，我也许不会原谅你。

鼓励我，我将会永远铭记你。

——威廉·亚瑟·沃德

弗格森回忆说2005年冬天就像是阑尾炎突发：欧冠开赛不久便遭淘汰、因败给布莱克本遭到曼联球迷的辱骂、在足总杯和非联盟球队保顿艾尔宾打平的耻辱、和罗伊·基恩的关系破裂并且之后和其解约，以及和球队明星前锋鲁德·范尼斯特鲁伊的关系逐渐走低，并最终导致尼斯特鲁伊的离开。"这本来是弗格森事业的秋天，但感觉更像是其事业的寒冬，凛冽并且困难重重，"丹尼尔·泰勒在《卫报》上这样写道，"正是在这样的冬季，他的球迷要求他下台，媒体把报道用车停在他的草坪上，他和媒体的关系跌到了历史最低点。曼联已经3年没有获得冠军了。这是属于何塞·穆里尼奥执教的切尔西的季度。"

媒体发现此时的弗格森处在随时准备作战、对抗世界的模式。媒体也一直防备弗格森，因为他对于那些愚蠢的人基本没什么耐心。有一次赛季结束后，曼联未获奖杯，《每日电讯报》的一名记者问了一个并无恶意的问题："球队什么地方出了问题呢？"弗格森刻薄地反驳道："这是一个好问题。但是需要整个采访才能回答，但是无论如何你也得不到这样的采访。"西蒙·巴恩斯曾在《泰晤士报》上写道，弗格森是"一幅悲哀的自我讽刺画"，并且是"一个失败者，他可以取得成功，但不能守住成功"。弗格森则表示："18个月之前他可不会这么说。固守对球队和他自己都是错误的决定。"就连弗格森的密友，曾经帮助弗格森撰写他第一部自传《亚历克斯·弗格森自传：统驭人生》（*Managing My Life*）的记者休·麦尔文尼也暗示弗格森快要退休了。他在《星期日泰晤士报》上写了下面的建议："弗格森绝不能冒着被解雇的风险。……最终，这样的时刻会来临，那些最优秀且最勇敢的战士也不能回应挑战了。这样一个时刻也许正向我们逼近。"

　　尽管不满的旋风席卷弗格森，但是弗格森在俱乐部的举动依旧充满阳光。一天早上，丹尼尔·泰勒看到弗格森从训练场的楼梯上走下来，嘴里哼唱着约瑟夫·洛克献给接待员凯丝的一首老歌：

　　倾听我的歌声，薇奥丽特

在月亮下倾听我的歌声

来到我的身边，来到我的小船上

在湖面上等待

　　记者大卫·米克37年来一直在报道曼联，当他听说这个事情后，点头表示的确如此。"无论结果如何，他总是充满阳光，"米克说道，"尤其是出现麻烦时，他被逼到墙角、需要挣脱出来时，他的状态可谓最佳。他会表现出非凡的自信，这种自信会渗透到球队球员中，从而帮助曼联走出困境。"

　　在自传中，弗格森写道："我努力在更衣室不表现出自己的担忧，我觉得我做得很好。"弗格森这样做是因为"信念和信心非常重要，注入正确的态度是当务之急"。弗格森强调，"这不是一夜之间形成的，但我会朝着这个方向努力，而且我享受其中的每一分钟"。

　　曼联前任前锋马克·休斯回忆说，自己在曼联时，球队落败后曼联球员等到的是一个破碎的队徽，出现在报纸的封底页。这是小报体育版编辑的最爱，因为它直观地表现出曼联出现了问题。"曼联不仅仅存在问题，"休斯表示，"而且这不是一支曾经赢得胜利的俱乐部。它存在着危机。"

　　这不足为奇。全世界的新闻编辑室里，"好消息"和"坏消息"的意思和它们在现实世界的意思正好相反。对于记者而言，如果这一天存在"好消息"，说明这天存在混乱、谋杀和事端。如果这天存在"坏消息",说明这天基本上没什么事发生。这就是为什么弗格森表示自己不会在意报纸上写些什么:**"我的头脑里有这种机制,它这样告诉我,'不要在意这种事'**,而且我也不读小报。尽管我的律师会读,"弗格森接着这样说道。

关注负面信息不仅仅局限于我们的情绪中,一般情况下,从更深层面来说,它似乎是我们与生俱来的本能。一组心理学家通过分析200多篇报刊文章得出如下结论,人类在各种各样的行为和观念中,有一条不变的原则:与正面信息相比,负面信息的影响更大。

有下面一个谜题。请看下面的句子:

OPPORTUNITYISNOWHERE

你看到了什么?

Opportunity is nowhere?(任何地方都没有机会)

Opportunity is snow here?(在这里机会就是雪)

Opportunity is now here?(现在机会就在这里)

如何你的理解和其原意相同,你就应该看到"opportunity is now here"(现在机会就在这里)。但是如果你和绝大多数成年人一样，你可能会读成"opportunity is nowhere"（任何地方都没有机会）。我想表达什么观点呢？多数人自然而然地会带着消极的眼睛去读。

美国儿童心理学家沙德·赫尔姆斯泰特博士估计，在我们生命的前16年中，我们听到的"不"大约有148000次。拿出计算器，用148000除以16，再除以365，可得知我们每天听到25次"不"。他还估计，平均下来父母90%的时间都会用消极的口吻和孩子交流。如此，下面的事例也就不足为奇了。在有关的试验中，90%的英国孩子在4岁时有积极的自我印象，而到16岁时这一数字下降到只有5%。我们每个人都存在这种挑毛病的思维定式缺陷。消极负面的东西对我们有一种天然的吸引力，研究该领域的心理学家已经得出一些极为有趣的结论。一项详尽的研究发现，英文中有558个描述情绪的单词。其中，62%的单词描述的是消极的情绪，相比之下，只有28%的单词描述的是积极的情绪。

这似乎很明显地说明，人类被设定成更多地关注失败和失望，而很少关注成功和成就。通常，这是一个自动的过程，我们甚至都未注意到其本身或者是它对我们情绪的影响。当我们没有信心时，头脑中的声音通常都是消极、不理性的。我们也很容易回想起变革时期灾难性的日子，那个时候所有的事情都不顺利，我们感到窘迫无能。

每当我们陷入相似的处境，大脑会很快回忆起以前的灾难，这种失望和焦虑的糟糕情绪就会再次产生。当然，这种思考会让我们陷入负面情绪的链条中，让我们失去信心，不再相信自己可以很好地应对变化。我们接着会陷入丧失信心的恶性循环中，而这使我们的表现更为糟糕，进一步损害了我们的自信，甚至出现更加令人沮丧的结果。

弗格森一直在注意避免这种循环，在问题产生之前就迅速地处理掉各种不良迹象。弗格森曾经有一个比喻说明他为什么这么做："我告诉球员们汽车将要启动。这个俱乐部必须前进。这辆汽车不会等他们。我告诉他们上车，否则他们就会错过。我们不会停止不前，也不会休息，我们也不为自己感到难过。我们始终前行！"加里·内维尔曾经解释说："在训练场上，他从来不会组织训练，但是也从来不会错过任何事情。他会突然出现，在训练场边走来走去，也和教练们交流，但总是保持警觉。什么都逃不过他的眼睛和耳朵。"

在生活中处理好和重要人物的关系非常重要，这可以帮助你保持积极的态度迎接改变。弗格森和他的教练们采用的方法得到了一项研究的支持，这项研究由心理学家约翰·戈特曼在20世纪80年代初完成。戈特曼研究为什么有些已婚夫妇能够长相厮守，而有些会分道扬镳。戈特曼教授仔细研究了一些夫妇的日常互动，发现他寻找的答案就隐藏在一些日常交流的微小细节中，而这些交流看似无关紧要。表面上看起来很一般，在另一个层面上却是微妙的情感交流。心理

像弗格森爵士一样思考
——关于赢得胜利和管理成功的艺术

学家认为，当我们与别人对话时，我们会发出信号或是"意向"。这种意向会产生回应。通常，我们不会注意到我们是如何回应的——知道的时候已经太晚了，已经给对方造成了损害。令人欣慰的是，如果我们知道着力点并且愿意努力，就会很容易发现并改变这些意向。戈特曼的研究产生了重大影响。根据他的发现，发展出一套新的婚姻咨询方法。那么，这又是如何起作用的呢？弗格森又是如何运用这些原则做出改变的呢？

模拟这样一种场景：你目睹自己的球员犯了一个愚蠢的错误，让对方进了一个球。这个球员承认了错误。此刻，弗格森会观察其他球员对待这位队友的反应。他们的反应有以下3种：

1. 他们可能认识到了这个错误，并且用积极的方式做出回应："别这样，你要比这好得多。"或者"别担心。我们可以纠正错误。"用心理学家的话说，这被称为"正向回应"或"回应意向"。

2. 他们可能以消极的方式对待这个问题："你真没用。你到底干了什么？"或"你怎么这么笨？"不足为奇，这被称为"反向意向"。

3. 或者他们只是保持沉默："！"这被称作"远离"意向。他们并没有参与到你所做的事情中。实际上，他们忽视了你的意向。

不论他们选择哪种回应，都会决定当事人下一步的行为。只有在第一种情况下，你才会受到鼓励从而再次做出尝试。面对"反向"或"远离"型回应，我们潜意识中很可能进行标识，下次不会寻求别人的回应了。该研究表明，如果我们使用大量的"正向"意向，效果会非常显著。那些交流中主要是"正向回应"的夫妇就不会分开。事实上，这里面还存在一个神奇的比率。如果我们让积极（"正向"）回应和消极（"远离和反向"）回应的比例为5∶1，我们就可能看到健康、持久的关系。

这个比例在运动队和工作场所也很重要。在一项最近的调查中，100个人当中99个人表示希望自己的周围是积极的人，10个人当中有9个人表示和积极的人待在一起会让自己的效率更高。近期的另外一项研究也支持了上面的调查结果。这项研究发现，与积极和消极的比例小于3∶1的工作场所相比，比例大于3∶1的工作场所效率要高很多。

弗格森和他的助理教练把这个法则运用到训练场和更衣室。对于他们看到的事情，他们只会强调积极的方面："在训练场没有批评指责的空间，"弗格森说道，"对于球员甚至所有人而言，没有比听到'好样的'更好的鼓励了。它是体育界发明的最好的词了。不需要用最高级加以强调。"

如果不这样做，挫败的球员们就很容易陷入悲观的恶性循环中。澳大利亚棒球队在这方面的做法甚至可以和完美的艺术形式相媲美，他们把这称作"瓦解"（sledging）。该队前队长马克·沃骄傲地谈到在还没有投一个球之前如何"瓦解对手的精神"。他的方法就是通过言语以及生动的细节让对手回想起他们以前遭受的所有失败、存在的弱点和犯下的过错。他们知道这样做会让对手无法发挥出最佳水平。

许多评论员认为弗格森并不反对使用这种策略来搅乱对手，弗格森也并没有完全驳斥这种论调。"我并不会试图掌握这种黑暗艺术。关注我们自身更加重要，不过我的确尝试过这种古怪的诡计。"其中的一例便是弗格森每年都会宣布曼联在后半季度会变得更加厉害。"我每年都会这么做。我会说'期待后半赛季'。这种做法每次都奏效了。这潜移默化地影响了我们的球员，而且让对手变得很害怕。"后半赛季，曼联变成了入侵部队，眼睛中闪烁着来自地狱的火光。这变成了自我实现的预言。不过当切尔西主教练卡尔洛·安切洛蒂质疑其真实性时，弗格森就不再这么说了。"弗格森说曼联在后半赛季会变得更加厉害，不过我们也一样，"安切洛蒂表示。

也许弗格森心理"瓦解"战术中最臭名昭著的例子是**"弗格森时间"**——在球迷中这一概念被广泛接受，即每当曼联就快输掉比赛时，曼联都会获得加时的额外帮助。"弗格森时间"这一现象可追溯到1993年。1993年的一个星期三，当时曼联主场对阵谢菲尔德，90分钟后谢菲尔德以1∶0

领先。裁判通过了7分钟的补时，史蒂夫·布鲁斯在这7分钟内攻入2球，使得曼联26年来获得第一个顶级联赛冠军。"之后，曼联每次获得伤停补时，人们都会特别注意到，并且会说：'哎呀，曼联获得的弗格森时间更长了。'"在体育数据提供商Opta Sports负责校对比赛数据的邓肯·亚历山大这样说道。弗格森会站到球场边线轻敲自己的手表，象征性地指代"弗格森时间"。不过，弗格森坦白说："我并非记录比赛用时。比赛中止造成的补时很难算清，所以也就无法准确估计比赛结束的时间。"他这样做是由于其承载着心理方面的影响。

"关键点是，这样做给对方球队造成影响，并不是给我们的球队造成影响，这才是重点。对手看到我轻敲手表打手势，会感到紧张。他们立刻会想到要增加10分钟的补时。所有人都知道曼联擅长在比赛靠后的时段进球。对手看到我指向自己的手表，会认为他们必须在补时和我们对抗，而补时对他们来说就像是无穷期。他们会感到受到围攻。他们知道我们从不放弃，知道我们擅长在后面的比赛中创造奇迹。"

然而，当我们面对变化，是不是经常开始"瓦解"自己呢？我们必须努力不要陷入意志消沉的循环当中。积极地把自己的思绪和以前的成功联系在一起，这是避免消沉的办法之一。当然，这不会自然而然地出现，我们也需要别人的帮助。

有一个很有名的故事，是关于巴勃罗·毕加索的。这个故事阐释了如何积极地思考。一天，毕加索邀请一位陌生人来他的工作室参观。工作室的中央，有一块大石头立在地上。这位参观者问毕加索想拿这块石头做什么。他回答说："我要把这块石头雕刻成一只狮子。"这位参观者很是吃惊。很难想象有人可以用这样一块石头进行创作。这位参观者对毕加索心生敬仰，紧张地问他如何用这么一块不成材的石头创作一头狮子。毕加索回答道："哦，这很简单。我只要用我的凿子把不像狮子的部分敲掉就可以了。"

这则故事解释了我的想法，当我们需要自信时，并不是凭空创造。相反，我们的做法应该是移除所有对我们没有帮助的东西，只留下对我们有益的。

在一项针对优秀体操运动员展开的调查中，这些运动员需要回答他们在比赛中想些什么。结果发现那些非常成功的、有资格参加奥运会的运动员和那些不太成功的运动员存在同样多的怀疑和焦虑。但是，他们之间的不同点在于，有资格参加奥运会的运动员能摆脱对他们无益的东西，不断地增强对他们有益的东西，从而战胜焦虑。下面这个自信山峰图表的练习可以帮助我们更好地理解这一点。

自信山峰图表

埃德蒙·希拉里爵士是成功登顶珠穆朗玛峰的第一人，

他曾经说过："需要征服的不是高山，而是我们自己。"通过引用这句话来引入自信山峰图表非常合适。

　　拿一张纸，画一个相似的图形。接着想象每座山峰代表自己取得的一项重大成就。回忆这些成就，在每座山的图形上记录一个成就。仔细想想自己取得的成就，也许并不容易想到，但是我相信如果你仔细回忆，至少能够找到你引以为豪的12项成就。你可以简单概括，可以回忆自己的学生时代（学会骑自行车和游泳这两项技能也算），或者你可以利用下面这个图表想到一些更具体的成就，可以与所面对的挑战直接相关。

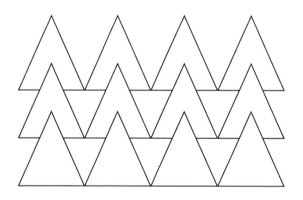

　　这看起来简单，因为它的确如此。使用这个图表给我带来了积极的效果。它提供了这样一种证据，证明我们已经征服了生命中的许多大山。它们的共同点是，通过成功取得成就。你会发现随着年龄增长，你的山脉会变得越来越大，而你自信的基石会变得越来越牢固，你可以获得更多的证据，而当你需要时，这些就可以帮助你增强自信。

当你描述这些成就，并且能够尽可能地回忆起细节时，此时自信山峰图表的效果会更好。可以描述这些细节：你的感受如何？你当时怎么想的？又是如何表现的？有关想象场景的篇章，我解释了如果我们能够回忆起某件事情当中所有五彩缤纷的细节，那么与该事件"重新连接"的过程会更加强大。**做这种练习就像是拥有一个个人的信心账户一样。每次你停下脚步，回忆过去的成功，以某种方式和过往的成就重新联系起来，你就是往自己的信心账户中存钱。**日复一日，你就可以累积丰厚的结余，而当你的信心动摇，需要从账户中取款时，信心账户就可以为你提供切实的帮助。

虽然弗格森断言："赢得奖杯后，得奖对他就没什么意义了。但是此时此刻，获取奖杯是弥足珍贵的。这个瞬间过后，很快就会被忘记。"但是弗格森知道胜利能够对信心产生重大影响。不论是带领年轻的阿伯丁打进苏格兰青年杯决赛，还是第一次获得欧冠冠军，弗格森总是让球员庆祝胜利，并且坚持把这些庆祝的图片摆放在俱乐部训练场和体育场的显著位置。

这是他在1983年吸取的惨痛教训。当时，阿伯丁在苏格兰杯打败流浪者，成功卫冕冠军。弗格森接受电视采访时，却对球员的庆祝泼冷水。弗格森说："我们是世界上最幸运的球队。这只会让我们蒙羞。很早以前我们就制定了标准，我们不会接受任何阿伯丁球队这样做。我们也不应从中感到荣耀。"后来弗格森承认自己做错了，收回了自己的评价。而当他在曼联收获担任主帅后的第一个奖杯（1990年足总杯）时，弗格森鼓励球员在球场上大肆庆祝。丹尼尔·泰勒观察道："每次弗格森带领曼联赢得胜利后，当最后的哨声吹响时，他都会在赛场上，双臂高举，握紧拳头，做出胜利的姿势。他会拥抱每位球员和教练。"

泰勒说："赢得决赛后，你看到的弗格森就像是透过指缝看见婚礼上微醉的自家叔叔在跳舞，这叔叔还在不断地要求放更多Jive Bunny和YMCA的舞曲。弗格森可不像其他教练喜欢待在一旁，让球员享受胜利的时刻。他总是积极参与到庆祝活动中，兴高采烈。"弗格森也同意这种说法："比赛结束后，看到曼联的球员庆祝胜利是一件很愉快的事情。决赛结束后，如果你是获胜方，更衣室可是绝好的去处。"

依我看，弗格森最重大的胜利是在2006年，当时曼联在加宁杯决赛以4：0击败维冈，结束了球队3年来只获得一次奖杯的不佳战况。队长加里·内维尔记得："当时是我在老特拉福德球场最暗淡的时候，有很多人对俱乐部提出了质疑。阿森纳正处在'不可战胜'的赛季，罗曼·阿布拉莫维奇向切尔西投入了大笔钱。曼联和球队新球员正在经历过渡期，甚至有段时间被认定球队再也不会赢得联赛杯了。"

联赛杯是韦恩·鲁尼赢得的第一个高级别奖杯，让身穿著名红色球衣的路易斯·萨哈、内曼贾·维迪奇、帕特里斯·埃弗拉以及其他球员第一次尝到了胜利的滋味。内维尔说道："回顾过去，那次胜利是俱乐部取得的巨大胜利，也是我作为队长以来球队获得的第一次胜利。那次胜利让韦恩·鲁尼这类年轻的球员尝到了胜利的滋味，那也是他赢得的第一个奖杯。"内维尔说那次胜利"是通往俱乐部历史上最重要时期的起点"，曼联在那段时期5次参加联赛杯，4次获得冠军，4次参加欧洲冠军联赛，3次进入决赛并在2008年摘得冠军。"待在领奖台会让人上瘾。脖子上挂着奖牌、拿着奖杯在体育场狂奔也会上瘾。我有幸在我的生涯中多次品尝过这种滋味，从未感到厌烦。有人问我：'你一生中最美妙的夜晚是什么时候？'我一生中有14个美妙的夜晚，都是在赢得冠军之后。正是那些时刻让球队更加亲密，形成了团队精神，让我们继续前行，获得更多胜利。"

让我们看看其他可用来建立信心的方法，以备不时之需。这些方法应该和信心图表一起使用，以此来巩固我们信心的基石。看看下面的建议。因为每个人对待某一具体方法不可能有相同的反应，窍门就是找到适合自己的方法。

自我对话

你是否注意到小孩子经常会自言自语呢？这是大脑发育

的必要条件。心理学家发现10岁以下的孩子每天说的话中有20%~60%都是在自言自语。虽然也许情况并非如此，实际上在与自己的对话中，孩子们可以掌握新的技能，学习如何控制自己的行为。

苏联著名心理学家利维·维谷斯基在20世纪30年代第一次记录了自言自语的重要性。比如一个孩子正在努力学习一项新技能，学习如何把DVD光盘插入播放器中。这个孩子可能会需要妈妈帮他（她）。妈妈把DVD光盘放入机器中，并进行解释："首先我们按下打开按钮，接着把光盘放入托盘。然后，我们关上托盘。"孩子会通过自己的语言记住这些说明，接着通常会自言自语大声地重复这些话。

随着孩子年龄增长，获得了更多这样的经历之后，这种与自己对话的形式也不会消失，它只会内化。也就是说，变成了自我对话的形式。例如，当这个年龄较大的孩子学习如何放DVD光盘时，他（她）不会再大声说出这些步骤，"打开、光盘、托盘、播放"，但还是会想到这些步骤。只有当这个孩子有什么不明白的地方时，他（她）才会大声说出那个词。比如，如果这个孩子不理解为什么要按打开按钮，他（她）才会大声说出"打开"这个词。

通过掌控自我对话来实现增强自信对经受变革意义重大。美国针对10岁以下孩童的一项研究表明，在家庭环境存在问题的孩子当中，40%的自言自语还会发出声音；而对于家庭环境比较稳定的孩子，不到7%的孩子自言自语时还会发出声音。为什么会这样呢？经常积极地增进学习的孩子进步要快，这是因为他们的信心得到加强。

在改变阶段，经常进行积极的自我对话（通过语言关注自身的优势和积极的预期），你就会明显感到更加自信，更有可能把事情做好。同样，如果你问自己一些自暴自弃的问题，例如"为什么这种事情总是发生在我身上？"你的大脑就会关注你的弱点、错误和怀疑来寻找这样一种答案："因为你是个傻瓜！"

弗格森改变了自己的方法，试图理解和帮助在这方面需要帮助的球员："刚开始接管球队的时候，我进取心太强了，总是想赢。但是现在我要温和得多，我可以更好地管理那些比较脆弱的球员了。"

弗格森使用的一种方法是召集一系列最喜欢的关于自信心主题的谈话讨论。一些球员对谈话内容几乎铭记于心。有个对话有关美国亿万富翁阿曼德·哈默，哈默即使80多岁还充满激情，每天早上6点起床去自己的办公室。还有一则故事，讲述的是一个男人，总是用头去撞玛莎百货一个分店的玻璃门。弗格森用这个故事去训诫那些不从自己的错误中吸取教训的球员。

有时候弗格森会在一个大型比赛开始之前让球员在更衣室坐下，问他们想要从生活和足球中获得什么。他告诉球员，一些人每年去黑潭度假、购买无檐小软女帽、吃冰激凌、在滨海大道散步就会感到满足，也有人的愿望是飞到月球。**弗格森说道："对我而言，我想飞到月球去。"**

有一个演讲是弗格森的最爱。加里·内维尔说道："在一个赛季中会有三到四次他都会用到同一个演讲。而且每次都奏效。'看看更衣室的四周，'他会说道，'互相看看对方，应该为我们这个团队感到骄傲。'接着，他会指着某个人，'我想要他加入我的球队，还有他，还有他。'演讲时，你会感到脖子背后的毛发都竖立起来专心倾听，你的身上都是鸡皮疙瘩，你的心脏在振奋地跳动。离开前，他会站在更衣室门前。赛前和中场休息他要和球员一起离开，没有人可以先行离开。离开时经过他身边，他要和每个球员握手，和每个员工握手。他不需要说什么。**他是主帅，可能是这个国家最伟大的主帅。你还需要什么其他激励吗？"**

虽然认识到自我对话的一般方法还有许多要做，但是说要比做容易。让我来告诉你应该注意什么，如何让自言自语对你的帮助最大，有效地运用好这种方法对构建和保持信心应对变革至关重要。要做到这点需要两个步骤。

首先，不要试图否认，也不要忽视，每个人的心中都有不同程度的忧虑和消极因素。前英格兰橄榄球员强尼·威尔金森总是欣然接受比赛之前的担忧和焦虑情绪，因为这种情绪表明他自己准备好橄榄球比赛了。否认这些担忧只会让你无法采取积极的行动控制你内心的声音。你要认识到，要想清楚地知道如何通过自身优势掌控局势需要一定程度的怀疑。一旦你识别出消极的声音，你要做的就是想办法克服这种消极情绪，让自己专注于采取行动，而不是在可能的不利后果上死磕。你可以收集一些你经常使用的典型消极想法，一旦识别出这些想法，可以练习使用下面的表格克服掉。

消极的想法	积极的想法
例如：不要担心，不要紧张，不要惊慌。	保持冷静。深呼吸，保持思绪清晰。
不要考虑观众。	
不要犯错误，不要弄得一团糟，不要不知所措。	
不要失望，不要沮丧。	
不要表达有争论的观点。	
不要发怒，不要不安。	
不要散漫。	
不要自满，不要懒惰，不要放松。	
不要太过自信，不要骄傲自大。	
不要让我失望。	
不要对他们说的话过分解读。	
不要和我争辩。	
不要害怕表达自己的观点。	

其次，还要清楚你对自己表达了多少次错误评论。史蒂夫·雷德格雷夫就曾描述过在比赛前在自己身上发生的这种事情。当雷德格雷夫认识到这个问题时，就会给自己"精神上一记耳光"，也就是心理学家说的思维阻断，这是很好的方法，值得一试。

思维阻断是一种精神疗法，可用来阻断消极的想法。我们可以用图像或语言来阻止消极思想的产生。如何选择图像或语言完全根据个人情况而定。奥运冠军林福德·克里斯提使用的图像是发令枪响起"砰"的一声，不过还有运动员使用红色交通信号灯、大幅道路标志"STOP"，路障或者是紧急停止按钮。还有其他人就只是说"停"，要么说出声要么就在心里说，以此方法来阻断负面因素。我认识的一位运动员使用的图像是电影《天龙特攻队》（*A-Team*）里面的T先生朝他呵斥！不管你用什么图像或语言，你都可以把它同物理疗法有效地结合起来。所以，除了阻断心中的消极想法外，还可以握紧拳头或拍手把注意力转移到积极的想法上。

2005年的时候，阿森纳队长帕特里克·维埃拉试图恐吓曼联，而旁观的弗格森当时心中无比骄傲。情况是这样的：当时维埃拉威胁加里·内维尔，这一举动让罗伊·基恩决定在隧道中挑战对方球队的队长，而弗格森认为基恩是"最像他自己的球员"。"怎么不挑我啊，挑和你块头差不多的人啊！"身高1米78的基恩向身材高大的维埃拉吼道，而维埃拉的身高有1米9多。曼联赢得比赛后，弗格森就根据这个强有力的形象，创造了这样一句话，作为他和球队的精神疗法。

弗格森说："我们的球队没有懦夫。"

一旦思维阻断的方法奏效了，要快速跟进，从上面的表格中选取替代性的积极评论，这能帮助你聚焦于所要采取的积极行动。这非常重要，不引入积极想法会让消极想法有机可乘。

不要用否定形式

有这样一个很老的笑话。喜剧演员亨尼·扬曼说他曾经住过一个豪华酒店。他在酒店房间的卫生间里看到了这样一个标志，上面写着："不要拿走毛巾。每拿一条毛巾多收5英镑。"他把毛巾拿在手里仔细端详。一条毛巾长约1.5米，而且很厚实。他估计这样一条毛巾在商店里至少也要卖25英镑，所以他立刻拿走了5条。"这个酒店真棒！"扬曼说道，"这几条毛巾太大太厚了，我的行李箱都拉不上了。"

如果你对自己说（或别人对你说）："不要犯错误。"那么你脑中接收的信息是不要做什么，而不是一个积极、清楚的信号，应该做什么。例如，想象一下你要在一群愤怒的观众面前发表一个重要讲话。如果我们想的是犯错误或说错话，那么无益的图像就会出现，这样你就不可能完美无缺

131

地发表演讲，因为我们担心失败，而不是关注成功。想一想如果我们给自己的指示是"登上台，冷静、自信、优雅地发表演讲"，那么这个决策过程会有何不同。**不用"否定形式"，或更重要的是，使用积极的指示可以加速思考过程，让你全身心地获得更好的结果。你清楚自己期望得到什么，不会左右摇摆或者指责自己。**

弗格森用他独特的方式诠释了这一哲理。**有人问弗格森，曼联是如何取得成功的？弗格森说道，因为曼联基于这样的信念——"曼联不可能失败。有时我们的时间也许不够用，但是我们从不相信别人能击败我们。"**而这句话在每日的训练中又得到加强。如果只剩下10分钟、5分钟或3分钟，曼联球员要练习在剩下的时间内如何去踢才能获得需要的进球。"当踢得很艰难的时候，我们也不要惊慌。这并不是我们练习的内容，而是要知道必须做些什么才能在那种不利的情况下获得成功。"助理教练勒内·缪伦斯汀这样说道。

肯定

心理学家发现有两个因素会决定我们如何记忆一种经历，不论是应对某种变化、度假或是某一天的工作。这两个因素：

a. 当一种经历到达高潮时（最好或最糟糕的时刻），你的感觉是什么样的？

b. 结束时，你又有什么感觉？

研究表明，当我们记忆某件事情时，这两个因素我们用得最多。某一经历绝大多数时间怎么样实际上并不重要，而上面两个因素的影响最大，会左右我们是否会回顾或重复这种经历。这项有趣的发现告诉我们，不论变化的环境给你造成多大的压力和困难，你都应该努力保持最佳的状态到最后。伟大的体育教练明白这一点，他们总是以积极的状态结束训练。穆罕默德·阿里在结束自己最残酷的训练时就是这样做的，他会举起双臂庆祝，反复吟诵自己的口头禅："我是最厉害的！"这让他的精神高涨，继续艰苦训练。阿里就是用正面和积极的话语来肯定自己的能力。在变革阶段，使用肯定可以增强信心。这些肯定的话语在头脑的肥沃土壤中种上了积极的思绪，这样积极的视角就会影响你的自信，让你一直相信自己的能力。

我以前曾遇见过前重量级拳击冠军泰森，他的身边有一大群随从。泰森承认这些人一直在他身边鼓励他，让他认识到自身的优势和能力。因为他们不停地夸赞泰森多么优秀，这极大地增强了泰森的信心。你能想象到这样一种感觉吗？总有一群人围在你身边告诉你，你自己有多棒。我们肯定很快会对自己信心满满，难道不是吗？**肯定自己就像是有那么**

一群人，总是为自己喝彩一样。

这些肯定的话不会仅仅因为本身是积极的就可以产生积极的效果。如果真要起作用，我们必须认识到它们是言副其实的。喜剧演员维多利亚·伍德有一次从节食班归来，看着镜中的自己。"我看到的全是皱纹。我仔细瞅着自己松弛的胳膊、肥胖的臀部和大腿，我看到自己身上全是脂肪团。我扭头转向丈夫，说道：'请说一些积极的话让我看到希望。'他看了我良久，显然陷入深思中，'至少你的眼睛没有问题。'他回答道。"

也许你认为这样做太明显了，不会有什么效果。如果你不相信，可以在接下来几天尝试一下受杰克·迪启发发明的练习方法。这位生着一副苦瓜脸的喜剧演员开玩笑说，当他起床时，"我做的第一件事是看洗浴间的镜子，撇成笑脸，然后整天都保持这个笑脸"。早上起床后，你告诉自己感到很糟，不想别人来烦自己，那么看看你是如何应对的。我们已经知道，如果任由自己选择，我们倾向于回到消极的思考中，怀疑自己。我们需要确保如果想要有效地应对变化，我们必须积极尝试改变消极的思考。

列举出四到八句肯定自己的话——例如：面对变化，我冷静自信。当然，你可以根据需要经常更新内容，过去和现在的肯定因素都可以用来加强自信。找到这些能够肯定自己的因素后，把它们写在卡片上，每天读一读。最终，你可以很容易地重复它们，并且对其深信不疑。保持积极自信的过程，会让你感到更加舒服、自然。

肢体语言

虽然我总是表明，自我对话和思想控制练习是在面对变化时保持自信的最有效方式，但还可以掌握另一种方式帮助你取得成功，包括使用肢体、肢体语言和生理机能。

弗格森表示格拉纳达电视台原先的体育新闻负责人保罗·多尔蒂曾给他提过一条建议，可以说是他从媒体那里获得的最好建议。**多尔蒂告诉弗格森："你在新闻发布会上就输掉了比赛，你表现出了你的担忧。"多尔蒂建议弗格森："面对媒体时，你就应该像照镜子一样，展示出弗格森的本色。"**弗格森把这条建议牢记于心。那之后，弗格森在面对媒体时都会在自己的精神面貌上好好准备一番。"表现出受困的样子和痛苦不可能帮助球队，也不会增加获胜的机会。"弗格森这样推断。

美国前总统理查德·尼克松可能对此深有体会。尼克松偶然让我们看到了一些典型的例子，表明了肢体语言的重要性。1960年，尼克松参加了美国第一次总统选举的电视辩论，当时电视观众认为他的对手约翰·菲茨杰拉德·肯尼迪比他表现得好，但是广播听众却认为尼克松赢了。为什么会这样呢？原来是参加电视辩论前，尼克松拒绝化妆，所以辩论的时候他的脸上都是汗，让人感到他很焦虑。电视观众注意的是他们看到的情况，而不是听到的内容，所以和广播听众得到的结论相反。

但是尼克松并没有从中很好地吸取教训。1974年，水门事件后当他向全国发表辞职演说时，他的样子看起来镇定自若。然而，分析他面部表情的研究人员注意到他眨眼睛时"愤怒的次数"（大约每分钟眨50次），这表明尼克松非常焦虑。对后来8次总统电视辩论中候选人眨眼睛次数的分析表明，眨眼睛次数多的候选人在接下来的选举中更有可能落败。

如果我们的想法是积极的，但是我们的肢体却做出消极的表现（低头、垂肩、走路没精打采），那么毫无疑问，积极的想法也很难起到作用。因此，我们必须练习改变我们的肢体语言，以此来给信心加油鼓劲。那么，认识到那些能够帮助你增强信心的肢体语言颇有益处。

一个有用的方法是，当你选择采用什么样积极的肢体语言时，可以找出那些表现出优秀肢体语言的人作为榜样。选一个你很崇敬的人，研究他（她）的肢体语言。在改变中，如果遇到紧急关头，展示他们的肢体语言，那么就可以像他们那样产生信心，从中受益。

弗格森自己就采用了这种方法。每次欧洲赛季开始前的最后训练阶段，弗格森都会穿上20世纪60年代曼联的老式球衣，他的偶像丹尼斯·劳就穿过同样的球衣。"劳完美地诠释了苏格兰人。他充满勇气、勇敢无畏，他有自己的气势，有自己的风格。他实在是太棒了！"弗格森激动地说道。

弗格森也用同样的方法对待自己的球员。为此，他制定了正式的俱乐部着装要求。用自己的外表来支撑内在，增强自豪感和对自己能力的信任。加里·内维尔说道："作为队长，有时在长途飞行前，我会问他旅途中我们是否可以穿运动装。他会说：'孩子，你要穿俱乐部的上衣。你要经过机场，你代表曼联，所以要显示出自己的高大和自豪。一旦登上飞机，你可以穿运动装。但是下飞机后，你要换回俱乐部的衣服。'"韦恩·鲁尼知道这样做的作用。他说："旅途中穿俱乐部的衣服让你感到很自豪，衣服胸前还有俱乐部的徽章。离开时我们都全副武装，让我觉得都可以防弹了。看起来真像那么一回事儿。"

弗格森还使用过这个方法来转移战术，避免产生信心危机。1996年4月，曼联在与南安普敦争夺冠军的比赛中眼看就要失败，情况危急。半场休息时，弗格森决定让球员把灰色的球衣换成较为传统的蓝白色球衣，不带条纹。

最终曼联在小谷球场以1：3落败，比赛结果甚至都让球队产生动摇。弗格森告诉难以接受这个结果的记者："球员们都无法识别队友。他们说当队友抬头时，在远处都看不清对方。这和迷信无关。"不过，球员再也没穿灰色的球衣，曼联赢得了接下来的三场比赛，获得了他们三年中的第三个冠军头衔。

如果你欣赏一些人的肢体语言，写下他们的名字，并且标注你可采用什么行为帮助自己。

总之，**成功可以产生自信，但我们还要知道自信也可促进成功**。管理好自己的信心水平，那么你将为自己取得的成果而惊讶。

哼一首快乐的曲子

每当害怕时，

我会挺起胸膛，

哼一首快乐的曲子。

这样，没有人会怀疑，

我有所畏惧。

颤抖时，

我会摆出无所谓的姿态，

哼一首快乐的曲子。

这样，没人会知道，

我有所畏惧，

这种欺骗的结果，

难以言表，

因为，当我愚弄我害怕的人，

我也愚弄了自己！

哼一首快乐的曲子，

每次，

曲子中的快乐，

让我相信自己，

并不害怕。

相信你是勇敢的，

它就会带你走向勇敢，

你的勇敢，

正如你所信。

你的勇敢，

正如你所信。

——罗杰斯和汉默斯坦，《国王与我》

08

| 第八章 |

控制改变的风向

请赐予我宁静去接受我无法改变的，赐予我勇气去改变我能改变的，赐予我智慧分辨这两者的不同。

——拉尔夫·沃尔多·爱默生

截止到1996年3月，纽卡斯尔在联赛中比曼联多出12分，并且将要获得他们自1927年以来的第一个英超冠军。但是，凯文·基冈已经在期望的重压下开始走下坡路，而弗格森意识到了这一点。六周后曼联在纽卡斯尔主场圣詹姆斯公园击败纽卡斯尔，那时曼联正在开启疯狂连胜模式。他们赢了7场1∶0的比赛，坎通纳踢进了其中的5个球。曼联正在追赶纽卡斯尔，而弗格森也在努力做着一切能卸下夺冠压力的事情。

曼联在老特拉福德球场击败利兹后，弗格森在新闻发布会上对利兹队所表现出来的竭尽全力的拼搏付出陷入了沉思。他建议道，要是利兹能够整个赛季一直保持之前那样的激情，他们现在在联盟的排名就不会这么低了。最后，弗格森很随意地扔下一句手榴弹似的话："我希望利兹在12天后的艾兰路球场，和纽卡斯尔对战的时候依旧表现出同样的决心。"然后弗格森退后了几步，等待着这颗"手榴弹"的爆发。

12天后，纽卡斯尔击败了利兹。凯文·基冈戴上耳机激动得颤抖，对着空中的摄像机发了一通男人式的谩骂，而这将永远成为纽卡斯尔1995—1996赛季的墓志铭。

"我觉得必须送给弗格森一盘比赛录像带，"基冈狂吼着，"这不就是他想要的利兹的表现吗？他不应该那样说利兹，如果我们击败的是曼联我会很欣喜。在我的评价中，他们早已经在走下坡路了。在这个国度足球是诚实的。有时候你想知道国外而非国内是什么样的。如果我们能赢了他们我会欣喜若狂，就是这样。"

弗格森公开表达了自己的执着和不悔，"我在夺冠的道路上被凯文的爆发拦死了，"他说，"上帝，看完录像回放，我能更好地消化理解他说的话。首先这段录像让我感到有点儿内疚，然后我认为自己并没有做错什么。我曾经对比赛的真相发表过评论，而且我也有权利去那样做"。

然而，弗格森有意无意地完成了对他那个赛季最大的竞争对手的公众心理的瓦解。他无情地暴露了基冈的脆弱和意气用事。在这一点上，包括纽卡斯尔的球员，每个人都知道冠军已经装在曼联的袋子里了。弗格森操纵对手的能力被看成与球场赛事一样重要的事情。**正是从这时候开始，管理者的智力游戏成为足球词汇的一部分。**

你一定会窒息！

体育运动中保持呼吸顺畅非常重要，被别人指责快要"窒息"或者"岔气"简直是奇耻大辱。应对压力保持呼吸是运动员基本且必需的素养，这也是职业运动员和校园球场上我们这些经常慌乱的业余运动员的区别。还有研究表明，讨论"窒息"问题也会有负面的影响。

哈佛大学进行了一个简单的实验。两个小组被要求完成一次篮球投篮挑战赛。在开始之前，除了一件事情之外，他们分别被传达了相同的指令。当他们即将出去比赛的时候，第二组被告知当"窒息"发生的时候他们的技能水平会有灾难性的下降。当他们开始练习时，他们被提醒不要窒息。

结果呢？

如果你读了前面章节中不要使用"不要"等否定性词语的说明，就不会对被告知"窒息"信息的第二组相比于另一组表现出了明显的劣势而感到意外。仅仅是关于"窒息"的思想就足以产生巨大影响。

那么真正的窒息是什么呢？

最好的解释是，其作用可以比作被一条蟒蛇杀死。蛇的身体缠绕着猎物，每当受害者呼吸一次，蟒蛇就收得越紧。猎物的下一次呼吸就更不顺畅。每一次呼吸，都不如上一次。很快它就不能呼吸，窒息而亡。

窒息就像这样。这是一种正常的人类反应，特别是当我们面临变化的压力的时候，因为它是我们对感知到的威胁的自然反应。为了证明什么是窒息（不要担心，不是真的要窒息），让我们尝试进行一个"喘不过气的测试"。

找一位你认识的人站起来，然后告诉他们你将要测试他们的反应时间。解释清楚你将如何仔细观察他们，并且评估他们对你的命令的反应速度。然后开始喊出你的口头命令。

"向左看……向右看……向左看……向上看……向左看……向左看……向右看……"当你持续这项任务，并进行得越来越快，参与者的焦虑水平将开始增加。观察他们的呼吸模式如何开始改变。很多人在这种情况下将开始无意识地屏住呼吸。

这是一个错误的做法。氧气就是能量，它可以帮助你放松肌肉和理清思路。当你屏住呼吸时，你产生了压力和紧张的感觉。伟大的400米田径运动员约翰逊将焦虑形容为"停止呼吸的兴奋"。呼吸的模式会影响你的表现，当你处于压力之下，深呼吸可以帮助你的身心恢复到正常状态。

你有没有曾经走进一个寒冷的淋浴或冰冷的湖？寒冷带走你的呼吸，你的第一反应就是赶紧离开。但如果你调整呼吸、保持专注，你就会逐渐习惯水的温度。这种体验就类似于你在压力下的表现，而通过呼吸和聚焦可以系统性地让自己脱离敏感。

试一下这个简单的三步呼吸法：

1. 保持静止，专注于你的身心平静，这有助于你尝试放松指尖和脚趾。

2. 深呼吸，按以下程序通过鼻子吸气和嘴巴呼气。

3. 通过鼻子吸气：数到4。

4. 呼气：数到4。

5. 根据需要尽可能地经常重复这个过程。

6. 在你重新聚焦外部世界之前，重复默念你特定的肯定式语言，如"我感到身心平静"或"我相信我能应对一切"。

控制可控因素

除了改变呼吸模式外，当我们深处压力之中时，注意力会转向自身内部。在自信心这章中，我们看到了应如何开始思考那些对我们毫无裨益的事情，以及它们是如何影响我们有限的注意力。例如，那些把精力集中在不要将球落在沙坑里的高尔夫球球友，那些担心弄糟自己台词的主持人经常就会做那样的事情。

在体育心理学领域，古老的谚语"控制可控因素"无疑是世界上最常用的短语，但这并不意味着它就不是真实有效的。研究表明，一个月后你只会记住本书5%的内容，所以我给大家分享一下对曾经面临变化的人经常分享的同样的建议。**如果你只记得本书中的一条收获的话，务必要记住这句话：控制可控因素。**这是无价的财富。

为什么要在一些不可控的事情上（比如技术、劣质设备或者他人的经历上等）浪费你的精力、付出和资源，或者盲目生气呢？而不是集中在你能有所作为的事情上。当你准备面对变化时，你必须确定哪些是可控因素。传奇游泳教练鲍勃·鲍曼会故意让迈克尔·菲尔普斯感到不舒服，比如故意推迟通知练习的时间，取消送他回家的出租车，禁止他在休息时饮水。他曾经在一场比赛快要开始前，故意踩到菲尔普斯的游泳眼镜，逼着他没戴眼镜就参加了比赛。

鲍曼将奥运冠军定义为一位可以解决自己遇到的任何事情的人，他说："你必须表现得像很久以前就在脖子上挂着金牌的奥运冠军那样。"

在2008年北京奥运会上，菲尔普斯在他获得8枚金牌中的第4枚200米蝶泳决赛时，当他潜入游泳时，眼镜开始漏水，很快使他看不清任何东西。这一刻，鲍曼的控制因素的训练让他受益了。在这种情况下，他接受了现实，只能控制他的反应，并很快调整了游泳模式，还打破了世界纪录。

英国世界杯冠军教练拉姆齐·阿尔夫爵士曾被问及如何让他的球员们充分理解他对比赛的预期。他的回答：

不断重复让信息得到理解。

不断重复让信息得到理解。

不断重复让信息得到理解。

不断重复让信息得到理解。

不断重复让信息得到理解。

不断重复让信息得到理解。

亚历克斯·弗格森爵士同样将这一原则纳入了自己的训练方法中。对技能和战术的不断重复和演练贯串了一整年。"有些管理者是'令人愉悦的管理者'，他们让球员按照自己的喜好自由发挥，一边8人或一边10人的游戏训练模式。但在这里，我们把每一次培训课程都视为学习和提高的机会。有时球员们可能会认为'我们怎么又要来一次'，但是这种模式对于我们在压力之下赢得比赛非常有用。**道理很简单：'我们不能在这个俱乐部安静地坐着。'"**

这一主题对于弗格森在球员中场休息时的谈话也非常重要。"你只有8分钟的时间来传递你的想法，因此有效利用时间至关重要，"他说，"你可以讲一下集中精力的重要性，以及一些你能解决的小事情。但是当你落后的时候，你必须施加影响和干预。我喜欢专注于自己的团队和团队的优势，从而弥补我们之前的落后。"

这就像你的驾照考试一样。许多考生对驾照考试的过程、进行哪些操作、车型是否熟悉和考官是否和蔼表示担心。当你开始勾勒出这些问题的时候，很显然，你并不能控制考官会是什么样的，或者你会被要求进行哪些操作。然而，你可以控制一些事情。只需要下面3个步骤，例如：

1. 坐进车里之前进行几次深呼吸，让自己冷静下来。

2. 速度慢下来，以稳定的速度开车。

3. 努力去享受整个体验过程。

正如菲尔普斯的例子所展示的那样，这正是伟大的运动员在压力下表现出来的特质。他们确定了几个关键的可控因素，然后集中所有精力在上面。在采访1996年奥运会上的赛艇运动员时，美国体育评论员查利·琼斯询问了很多竞技运动员。每次当他问到一些运动员控制之外的问题（比如天气，他们对手的优劣势或者在比赛中可能会犯的错误等）的时候，选手们都会回应一句："那已经超出了我关注的范围。"加里·内维尔回应了这个信息，"在过去的20年里，我从来没有在更衣室里听到过'运气不好'这个词语。我们有一句话是'我们主宰自己的运气'。"

这让弗格森想起当年他坐在场下观看约翰·特里开始助跑准备罚球的时候，那个本应该能让切尔西队赢得2008年联赛冠军的点球。"我们做到了，"弗格森说，"我们做到了，我下定决心要在失败中保持自己的尊严。"

"当阿什利·科尔罚倒数第二个点球的时候，我握紧双手，祈祷。范德萨——曼联门将——几乎救了它，但一旦球进去了，我对自己说：'永远不要再次祈祷'，因为当时我作为阿伯丁经理的第一次决赛中我们一开始1：0领先，但兰杰斯在最后两分钟带伤射进了两个球……那一天我也祈祷过，我想我不会再这样做了。尽管我已经向上帝祈祷，他们还是2：1击败了我们。"当特里准备射出点球的时候，弗格森回忆道："我看着他过去，我一直在说：'他会把球踢飞。我敢肯定他一定会把球踢飞'，然后他就用外脚背踢球，然后脚滑了一下。"这些冠军为了能够将他们所有的能量和精力集中起来，尽力避免把精力放在他们不能控制的任何事情上，并控制在可控范围内。在生活中专注于你的"可控之事"，不仅会增加你做事的有效性，还大大减轻了你的压力。

正如著名的棒球传奇运动员巴比·鲁斯所说的那样："我不会去担忧自己无法控制的事情，因为如果我不能控制它们，就不必担心它们；我不会担心自己能够控制的事情，因为如果我能够控制它们，就没有必要担心它们。"

仔细审视一下你所面临的变化情况，明确你能够控制什么，不能控制什么。把这些东西写下来非常有意义。可以制作一张类似下表的列表：

状态	可控因素	不可控因素

像弗格森爵士一样思考
——关于赢得胜利和管理成功的艺术

09

| 第九章 |

改变目标

当你的视线离开你的目标时，目光所及的障碍便变得可怕。

——亨利·福特

"赢得冠军是曼联的目标。亚历克斯·弗格森对夺得冠军的每一个可能的具体细节都了如指掌。"前曼联队长史蒂夫·布鲁斯说。这一点在维冈5月份举办的一场比赛中表现得特别明显，那天下午刚好下着雨。那时曼联的目标是寻求一场胜利来确保获得2008年的联赛冠军。"这是一场艰难的比赛，"曼联主教练说，"这是客场比赛，比赛条件也很艰难。"曼联必须要赢，因为在冠军争夺赛中，稍有疏忽就会让冠军旁落对手切尔西手中。

克里斯蒂亚诺·罗纳尔多踢进首球的点球还不足以给技术区的教练和球员带来平静。"当比分保持在1∶0的时候，当我们紧张的时候，当下雨的时候，一切都有可能发生，"弗格森承认，"我当时想：'请发起第二次进球。'"相反的是，作为维冈的强力前锋埃米尔·赫斯基，差一点儿就进球了——他的头球打中球门范围内。当看到错失良机，他沮丧地在草坪上打了一拳。赫斯基后来承认道："我知道这本

155

该是一个很好的机会。"

对于25000名左右的现场观众，以及数以百万计的电视观众来说，这是一个小到看似微不足道的细节。但对弗格森来说，这是一个非常重要的细节。他注意到赫斯基拳头下面的草松了，就立刻让瑞恩·吉格斯准备上场。"赫斯基让我看到地面很软，所以瑞恩的上场将是至关重要的。"弗格森解释道。10分钟后，韦恩·鲁尼抬头，估测传球空间后，通过一个没有防守的中卫孔，将球传给慢跑的吉格斯。34岁的老将在滑倒前越过守门员，完成了第二个进球，曼联第10次获得英超冠军。

"请您告诉我，我该从这里走向哪里？"爱丽丝说。

"这很大程度上取决于你想去哪里。"猫说。

"我不太在乎去哪里。"爱丽丝说。

"那么你走哪条路都无所谓了。"猫说。

——刘易斯·卡罗尔，《爱丽丝漫游奇境》

这段话正是我们有这么多人设定了目标的绝佳例子。应对变化时，按照着爱丽丝梦游仙境的方法可能会给我们造成不良的影响。因为这意味着当你受到压力的时候，会失去焦点或是偏离预定轨道。**设定目标将有助于你清晰判断试图达到的成就，甚至可以让你在大多数尝试的情况下保持掌控**

状态。

　　埃德·温洛克和加里·莱瑟姆两位教授花了数年时间，研究了成千上万的优秀成功者，他们发现这些人都建立了自己的目标。事实上，他们估算出，一个有效的目标可以提高高达16%的效率（相当于从人均8小时的工作日中节省出一个小时）。亚历克斯·弗格森爵士的目标设置方法，正是在面临改变时使用目标设置这一简单有效方法的很好诠释。具体而言，如在对抗维冈的胜利中，他坚持重点关注获胜过程，暂且搁置比分和荣誉的头衔，这样的安排正是对面临挑战时使用简单有效的框架的解释。**这就是目标设置框架，它区分了结果、绩效和过程三种目标。**

　　另一个传奇教练，湖人队的菲尔·杰克逊，为我们提供了这3种类型的目标是如何运作的一个绝佳案例："在每一个40分钟的篮球比赛的前36分钟，我避免检查记分牌（绩效目标），而是始终保持完全专注于帮助球员获得良好表现（过程目标）。只有在最后4分钟的比赛里，我关注结果，因为我知道那时候，我的球队将用卓越的成绩赢得比赛。"

　　结果目标（Outcome goals）与最终结果有关——从一个更大的视角层面上。"1986年11月，我第一次来到曼联队后的几个月，"弗格森回忆道，"我和博比·查尔顿前往巴塞罗那，试图让马克·休斯回来。清晨，我们绕着体育场行走。我们参观了他们完善的训练设施。如果有损伤情况，

157

会有五六人不约而同地聚在一起——包括医生、理疗师、巫医，以及可能需要的一切。"相比之下，弗格森补充道，"我们只有一个拿着医用海绵的人。查尔顿转过身来对我说：'你知道——这才是我们应该做的。我们本应该也处在这种水平上，但我们并没有，这太疯狂了。你看看我们过去40年的历史，回到巴斯比和那些所有的伟大团队，本应该就是这样的。'然后他说：'让我们一起实现它。让我们思考一下如何比那些欧洲精英做得更好，像巴塞罗那那样。'"

创造这样一个结果目标为未来设定了一个积极的主题，并提供了明确的方向和每个人都能达到的目的地。**这便是弗格森的北极星，犹如大海中的船长需要用它来确定航向一样。**

2013年退休时，弗格森被问及他最伟大的签约是哪一次。他讲述了他在巴塞罗那与博比·查尔顿先生的谈话，自豪地签下的不仅仅是一个优秀的球员，而是在2000年引进的巴萨俱乐部的卡林顿训练基地体系。他描述了那些看到它的人的反应。所有来到这里的球员都惊叹道："哇，这才是真正的训练场。"这是世界上最好的训练场之一，我想如果任何一名还对选择他们应该出现在哪里持有疑问的球员来到这里的话，他们很快就会发现这是一个奇妙的体系。

绩效目标（Performance goals）与要求达到的数字有关（在体育中的得分、时间或距离；在商业中的销售目标、离职率、保留率等）。弗格森的最著名的言论之一是他在

2002年接受采访时说：**"我最大的挑战是想把利物浦从榜首上拉下来，你可以刊登出来。"** 尽管是感性的话语，但却是弗格森为团队设定清晰绩效目标的能力的完美阐释。

1993年，弗格森赢得他第一个联赛冠军前，相比利物浦的18次而言，曼联荣登最佳团队7次。他的最终目标是把曼联打造成全球最好的俱乐部，弗格森把利物浦的成就作为曼联的过渡目标。他把所有的想法都传达给了所有为他效力的球员们。加里·内维尔总结了自己对这个雄心壮志的反应："我讨厌利物浦，我厌恶他们成功的过程。我要打败他们。"当曼联完成自己的目标，并且最终拿到了20个冠军时，弗格森非常享受这样的时刻。随后，他鼓励青年俱乐部重新调整其欧洲冠军的目标。"我们应该有超过3个欧洲杯，"他宣布，"我们需要5到6个。"

过程目标（Process goals）是你为了获得绩效目标所从事的可控行为，这些行为包括战术和策略，以及你的态度。正是弗格森坚持不懈的专注，在正确的方向上实现了自己目标的过程，让他在曼联早期任职时保住了工作，最终也为整个俱乐部带来了成功。在1988—1989年这个赛季，他所有可以展示出来的就是作为一个被利物浦压制的亚军两年来的辛苦和无奈。"他的团队似乎没有任何规制，没有目的，没有方向，他对做什么也没有明确的想法。任何事情都没有意义。"前曼联边锋威利·摩根这样写道。

体育作家和曼联球迷吉姆·怀特回忆道："那年秋天，台阶上的小伙子们都在听他讲话。他声称有一个总体规划，但是小伙子们看到的却只是一个在英国北疆一个小小的区域中做事且名声被夸大的苏格兰家伙。"老特拉福德的硬派人物乔治·贝斯特表示，他不会再走到角落里观看（曼联）比赛。

直到1990年1月，经历了8轮失败之后，曼联在联赛中排名倒数第五，弗格森明显要找份新工作了。曼彻斯特晚报记者戴维·米克把他和美国的死刑犯相比："这家伙被这么多人在媒体上指责，经历了一系列的上诉之后居然还可以生存。"但是博比·查尔顿说，董事会并不会受新闻或球迷的压力影响。"在那段时间我们不会也绝没讨论过亚历克斯·弗格森的职位变动问题，"博比爵士声明，"因为我们知道他正在做正确的事情。"正是这样一系列过程目标使他可以保留住队员，并获得他们的信任。每天早上7点半，他会准时出现在办公室，重组青年球员训练体系，处理替补队员的工作，和一队一起训练，与其他管理人员谈判，不断寻找转会名单的行动暗示，在下午观看学校运动会，晚上看其他球队比赛，半夜回家钻研视频直到凌晨两三点。

一个绝佳的例子是1987年11月吉格斯14岁生日时，他在斯文顿的家的门被叩响。亚历克斯·弗格森亲自来询问琳恩·吉格斯是否同意他们的长子以校园男孩的身份和曼联签署协议。琳恩·吉格斯说："**如果曼联的主教练来你家的**

话，你会有点儿受宠若惊。这是一种相当不错的感觉，让你拒绝不了的感觉。"在弗格森拜访吉格斯家21年后，吉格斯在维冈的进球使得曼联收获了和利物浦一样的18个冠军头衔和欧洲精英俱乐部称号，这也让弗格森的绩效目标和结果目标更进一步。

目标类型

我们可以总结目标设置框架如下：

当把年度商业计划和原则可以很容易地应用到设定目标的团队时，这个简单的框架也可以在商界使用。然而，本书的目的是让我们了解如何使用它来应对变化带来的压力。

凯丽·霍姆斯女爵用这种方式赢得了自己的第一枚奥运金牌。首先她确定了比赛的结果目标，就是要在雅典奥运会上赢得800米决赛冠军。她训练日记中的精华也体现了这些：

2004年1月

我一直梦想着成为本领域最优秀的运动员。有些梦想已经实现，但我最大的梦想仍未成真，我真的希望它们成为现实。实现梦想的过程中，我真的经历了很多。我用激情、奉献、意志和强烈的内心追求我的终极目标。我把生命和灵魂全部都投入其中，放弃我的生命去追求我坚信的命运。请允许我祈祷一次，能被赐予这样的礼物：没有挣扎，没有受伤，由精神的指引度过这一年。我希望2004年带给我比以往任何时候都多的快乐、成功和目标。

显然，这样一个令人难以置信的且具有挑战性的目标，对她来说却是真实存在的，但这个目标并没有告诉她需要做什么才能实现。因此，她和教练分析研究了之前的结果、目前形势、对手情况以及自身能力，从而计算出1分58秒的成绩足够赢得金牌。现在她有了绩效目标——一个更为具体的目标。

尽管如此，霍姆斯进一步评估了她要在这段时间打进决赛的想法。最终她只专注于三个过程目标，包括保持冷静、确保自己不被包围和最后阶段的冲刺练习。这些目标完全都在她的可控范围之内。

当她终于在全世界的关注下准备比赛时，你认为她的注意力在哪里？不是赢得金牌（尽管这是她来到那里的原因），也不是在1分58秒内完成比赛。而是她专注于自己的过程目标，她知道有3个可控的事情会影响她的表现。这些过程目标给予她所需的信心，帮助她远离压力和赛事赋予的紧张感。她把这种方法描述为"回归基础"。这意味着获取基本的绩效成功，让结果顺其自然。

我认识的一位老师曾用这样的简单练习训练一个不守规矩的班级。她站在门口，向9米之外的窗外望去，询问他们："有没有人相信我能从房间的一边跳到另一边？"大家刚开始沉默，随后有一个不确定的声音说："不相信。"最后，一个孩子说："你当然不能，除非你是世界跳远冠军。"

"我可以，"她说，"而且我相信，你们也一样可以。"又一次，大家表现出了不相信，但现在她完全吸引住他们的注意力了。然后她开始跳，半米，接着又半米，又半米……直到她跳到窗户那边。她转身对全班说："看吧，你们当中的任何一个人都能跳过这间屋子。目标设置就是这样，我们将它一步一步地分开，然后一步一步积累完成最后的目标。你们同意吗？"大家齐呼"同意"，整个班级都笑了。

那么，如何把你的目标分解成类似的小步骤以应对变化呢？

莎士比亚法则

在开始设定目标之前，我们应该先从钻石鉴定专家那儿吸取经验。你知道这些专家如何鉴别一颗钻石吗？这很容易。假钻石是完美的，而所有真正的钻石都有缺陷。当与目标设定联系时，完美主义者的思维往往很容易地将你的结果定义为失败，除非你确实完美地实现了目标。这不仅不能分析出你学到了什么（"什么"才是要点），也打消了你再次尝试的动力。

为了避免掉入这个陷阱，试着在设定目标时考虑使用莎士比亚原则。

让我来问你一个简单的问题：你可以举出多少个莎士比亚戏剧的名字？写下你能想到的尽可能多的名字。

你能列举出莎士比亚所有的主要作品吗？大多数人都很难说出其中的1/4。莎士比亚的很多作品在第1次出版时就获得了不同程度的商业成功。莎士比亚法则建议，在设定目标时，你应该尝试使用一系列的标准来定义你的成功。它们是：

a. 理想结果

b. 现实结果

c. 最低可接受结果

例如，莎士比亚写完著名的《汉姆雷特》一年后，也完成了不那么成功的《特洛伊罗斯与克瑞西达》。虽然事实上，他的戏剧并不是每一部都获得了商业成功，但这并不能阻止他继续写作。理想结果代表着一切都尽可能顺利，就像完美的一天一切都秩序井然。现实的结果是指一个绩效水平的表现，如果一切顺利的话，你知道结果会非常令人满意。最低可接受的结果是指你不愿意低于的绩效水平。如果比这个水平还低，你甚至会觉得对自己不公平。

设定目标的技巧

下面介绍一些别的关于目标设置非常重要的技巧，尤其是当你在制定高水平的结果目标的时候，这些技巧会让你事半功倍。

1. 第一人称

心理学家估计，我们可能花费了90%的时间来调节我们的行为以适应某些具体情况。例如，最近的一项调查是关于酒店的什么设施最能影响到商务人士对酒店的选择，排名最高的是健身房，有70%的受访者支持这一选项，认为这是他们选择酒店时考虑的非常重要的因素。基于该调查我们发现，许多酒店开始完善自己的健身设施。然而，现实生活中只有17%的酒店住户会使用健身房。

当你设定自己的目标时，确保它们真正地吸引你，不仅仅只是你觉得对其他人会听起来很好。此外，**当你写下自己的目标时，很重要的一点是要注意你对词语的选择，因为它们包含着你的真实意图和期望的线索。**你必须拥有自己的目标，并能清晰地将自己与它们联系在一起。

著名的犯罪心理学家保罗·布里顿认为，我们的语言中包含了很多无意识的线索。在测试一个人是否撒谎时，一条很通用的线索就是他们不愿意提及自己，而在正常的谈话中我们倾向于更多地提及自己。撒谎者尽量避免使用很多第一人称的引用，比如"我""我的"，而是使用术语如"每个人"和"没有人"。他们试图拉开自己与谎言之间的距离。

现在写下你为自己和大家设定的目标吧。

2. 现时紧张状态

明年的这个时候，我们将成为百万富翁！

这句话是在电视连续剧《只有傻瓜和马》（*Only Fools and Horses*）中，倒霉的轮胎经销商德尔男孩经常说给他弟弟罗德尼的话，这也是他们之所以花费这么长时间终于实现自己的财富梦想的原因。他经常很得意地谈论这件事，就好像它真的已经发生了似的。换句话说，德尔表现得就好像自己真的已经是百万富翁了。他说："我假装要成为一位想要成为的人，直到我真的成为那个人，或者说他成为我。"

有测试表明，让孩子使用第一人称，并处在现时紧张状态是一种非常有效的学习方法。例如，让学生们想象第二次世界大战中的温斯顿·丘吉尔是什么样的，或者是伊丽莎白一世女王是怎样抵抗西班牙侵略的，以及他们是如何面对不同方法进行选择的，这是一种非常有效的方法。这是因为我们的潜意识，以及大脑中的储存部分，只在现时紧张状态下才进行思考。

作曲家本杰明·赞德将同样的方法用在音乐教学中。他感到很沮丧，自己的学生们为获得高分忧虑却不专注于欣赏音乐的美丽。因此他决定在课程开始前给每一位学生一个A的得分。达到这一标准的唯一要求是每位学生都要写一封信——日期为即将到来的今年年末——开头语为"亲爱的赞德，我得到一个A是因为……"在这封信中，他们要将这一年之内要达到这一等级而发生在他们身上的故事讲得越详细越好。**给自己一个A的得分，想象着自己甚至还没开始就已经实现了目标。**

3. 具体化

你必须非常具体地知道你想要实现什么。在2000年悉尼奥运会的一次铁人三项比赛中，加拿大选手西蒙·维特菲尔德用这种方法取得了非凡的胜利。比赛过程中，他位列第二（在完成游泳和自行车后的最后一个项目中），而且和第一名有着看似无法超越的距离。有了如此大幅度的领先优势，德国运动员斯特凡开始向后看了几次，以确保后面的这群人不会聚合起来超越他，抢走他的奖牌。然而，维特菲尔德似乎在最后400米爆发了，在离终点线仅仅几米的时候以某种方式赶上了前面的德国人。当维特菲尔德从他身边飞过时，斯特凡一直保持着他的步伐，并与维特菲尔德并驾齐驱。在赛后的采访中，斯特凡解释说，在他的视野中自己已经赢得了一枚奖牌，并不介意是什么颜色。然而，维特菲尔德却说，他投入了100分的努力，直到比赛的最后一刻，因为他从来没有停止对自己脖子上挂着金牌愿景的想象。

4.感性化

尝试这个快速的练习：

去想一条狗。

想完了？现在，我假设你想的狗和你很可能具有某种感情联系。他可能是一只家庭宠物狗，是你儿时珍贵的玩伴，或者是一只你爱看的卡通狗。不管你的答案是什么，你之所以具有这样的行为，是可以用我们是如何记住这些信息的相关研究来解释的。

20世纪60年代，美国加州大学洛杉矶分校教授艾伯特·梅赫拉卞博士给出一组数字：55、38和7。他发现，我们的思想可以被归类为55%的视觉和情感、38%的声乐（如声音和节奏的音调）和7%的口语（指实际使用的词语）。因此，我们记忆中的93%是非语言的。所以，不要花费数小时搜寻那些长篇大论、聪明好听的语言，而是写下一个对你情感有用的目标。

5.不要对比

想象一下你被选中代表自己的国家参加奥运会。你在比赛中做得很好，赢得了铜牌。你觉得这会让你感到多少快乐？我敢打赌，我们中的大多数人会为自己的成就感到骄傲和自豪。现在想象一下，时间回转，再次在同一个奥运会上比赛的时候。这一次你做得更好，赢得了一枚银牌。你觉得这个时候你会有多高兴？赢得银牌后，我们一定会感到更快乐，比铜牌更幸福吗？这并不奇怪，因为奖牌是我们的表现，银牌说明你的表现比得铜牌的时候更好。但是研究却发现不同的结果。**赢得铜牌的运动员比那些赢得银牌的人更快乐，原因就是他们用对比的方式来思考自己的表现。**

银牌得主关注的想法是如果他们的表现略好，那么他们会赢得一枚金牌。相反，铜牌得主关注的是如果他们表现稍差，那么他们根本不会赢得任何奖牌。这种想象将来会发生什么，而不是实际发生的倾向，被称为"反事实思维"。下面我将描述我们是怎样成为这种思维的猎物的。

想象一下你决定购买一个新的计算器。你来到商店，那里的售货员向你展示了一系列可选的对象。经过慎重的考虑，你选择了一款标价20英镑的计算器。这时的售货员看起来有点儿不安，并解释说明天这家商店将要促销。如果你明天再来，计算器将只用花费5英镑。你是现在买一个计算器还是第二天再回来用同样的钱多买3个？

现在让我们想象一个稍微不同的场景，这个时候你决定买一台新电脑。你进去之后，售货员向你展示了一系列的电脑。经过慎重考虑，你选择了一台价值999英镑的电脑。再次，售货员看起来很焦虑，并解释说明天商店会促销。如果明天你再来，计算机将卖984英镑。你是现在买电脑还是第二天再买？

研究人员分析了这两种情况下大多数人的决策心理。在这两种情况下，人们都有机会节省相同数额的钱，采取同样的方式处理也是情理之中。人们要么直接买下计算器和电脑，要么为了节省15英镑明天再回来购买。大多数人对这两种情况的反应非常不同。大约有70%的人表示，他们将等到第二天购买计算器，但会直接购买电脑。

即使不用计算器计算，也很清楚，这些节约的数字并没有增加。**为什么这么多的人会采取一种非理性的方式呢？看来，我们更关注节省总花费的百分比而不是潜在的绝对值。**从绝对值来看，每一次我们都能节省15英镑。这代表计算器节省了75%而电脑只节省了1.5%。从相关值角度来看，前者是一个更好的交易，所以值得等待。

当设定一个帮助你成功地度过变化的目标时，不要只把自己和别人比较。相反，写下一个成功的结果会对你很有意义。

6. 记录

安利公司是美国最赚钱的直销公司之一，它通过提供以下建议，鼓励其销售团队登上巅峰：

开始前的最后提示：设定一个目标并把它写下来。不管你的目标是什么，重要的是要把它设定下来，这样你就有了目标，同时你把它写下来。将某件事情写下来充满了魔力。因此，设定一个目标并把它写下来。当你达到那个目标时，设定另一个目标，也把它写下来。然后你开始追求目标实现的过程。

为什么写下我们的目标，即便目标的内容是属于私密性质，也意味着我们将有效地加强我们的承诺呢？

简而言之，那些被写下来的目标比那些没有写下的目标具有更强大的力量。

你将如何记录你的目标？

拿出一张纸，现在就写下你的目标。

回顾

在第一章，我就建议你像亚历克斯·弗格森爵士一样思考。极为重要的是，当你这样做的时候，就会经常性地回顾自己的目标。这是整个目标设置过程中最重要的一部分，因为如果你不回顾目标，怎么知道什么工作做了，什么工作还没有做？一个有效的经验法则就是投入你设定目标花费时间的两倍来回顾你的目标。如果你要让下一个目标设定在适当的水平，以最大限度地提高你的积极程度、学习成效和信心水平，那么你需要给自己时间来评估你的努力。

我知道人们很容易跳过这部分，开始关注面临的下一个挑战，但我们可以问自己以下几个问题，以确保在开始下一个目标的时候有正确的起点。

1. 我对自己的承诺履行得如何？我把目标付诸行动了吗？

2. 我在实现目标时有多大程度的成功？

3. 什么样的工作进展顺利，能很好地帮助我实现目标？

4. 什么样的工作进展不顺利，会影响我的成功？

5. 我会为自己的成功努力付出的主要原因是什么？

6. 根据结果，我所设定的目标会有什么变化？

7. 如何确保我的下一个目标能获得相同或更高水平的成功？

将目标设置看作一项技能，看看你能在设定、实现和审视目标上有多大的成就。我保证它会帮助你逐步掌控变革的可控因素。

有一天，正如其他人一样，一个人去世后到了天堂。在天堂，他受到了天使的欢迎，并被赐予一场奇幻的天堂之旅。在参观的过程中，他注意到有一间房子，但每次接近它的时候，天使们都很快地掠过。

"那个房间里有什么？"那人问。

天使们面面相觑，仿佛这是她们一直担心的问题。

最后，其中一位天使走上前去，亲切地说：“我们不允许你进去，但是请相信我们——你不想去那里。”

那人的脑子里一直在想着屋子里是什么，什么东西如此可怕以至所有天堂的天使们想把它藏起来？那人知道应该相信和顺从天使的话，却发现自己很难抵制好奇心的诱惑。“毕竟，”那人想，“我只是人类。”

那人慢慢地走向房间，充满了恐惧，想知道将会出现什么恐怖的东西。但事实上，房间里充满了最美好的东西：美好的家庭、美好的事物、伟大的智慧、快乐的家人、有爱的朋友和无法衡量的财富。

那人眼睛睁得大大的，转回身问天使：“为什么你们不想让我进来呢？这个房间充满了我见过的最令人羡慕的东西。”

天使们互相悲伤地看了看，然后又转回看向那人。

“这些都是你在地球上本来可以拥有的一切，但你却从未相信或采取任何措施来真正拥有它们。”

10

| 第十章 |

改变你的想法

其实世事并无好坏，全看你们如何去想。

——莎士比亚《汉姆雷特》

1993年，曼联阔别英超冠军26年后又重回王座，亚历克斯·弗格森整个夏天都在谋划再次卫冕。而对那些还沉浸在上次胜利的球员们来说，如果期盼一个轻松一些的赛季，无疑会受到打击。据中卫加里·帕里斯特回忆，新赛季一开始，弗格森照常欢迎他们归队，并马上就用宛如赛季就要结束的方式开始训练他们，让他们感受到巨大的压力。

"但是当他轻拍我们后背的时候，"帕里斯特回忆道，"我们也感受到了他对团队未来不确定因素的担忧。他知道他有能在联赛夺冠的强大阵容。但他也问我们，有没有可能我们当中有些人会满足于现有的成就，觉得该做的工作都已完成而认为自己稳操胜券？而团队中的每个人是否都拥有将胜利永远持续下去的雄心和渴望？"

据当时的曼联队长布莱恩·罗布森回忆，在抛出这个问题后，弗格森摆出了谈话的主题，"他对我们说：'我办公室抽屉里有一个密封的信封，里面是一份名单，包括我认为

177

哪些可能就此满足于上一年胜利的人，哪些是无法再重现辉煌的人。在赛季末把这份名单拿出来再看看应该会非常有趣。'说完他久久地严肃地环视了一遍更衣室，就走出去了。"

帕里斯特回忆："球员们的第一反应是哄堂大笑。但很快有人问道：'你认为名单上都有谁？'这在我们中间激起了同仇敌忾的集体精神，因为谁也不愿意在接下来的10个月中出现在这份名单上。"罗布森确认了这一策略的效果："我不知道他这个点子是自己想出来的，还是从别人那儿学来的。我只知道它太有效了，最终帮助我们成了英超联赛和欧洲杯赛的双冠王。"史蒂夫·布鲁斯也同意这一说法："要与他合作，你必须要拥有某种特定的思维方式。如果你不能跟上他的步调，那么他就会认为你还尚未强大到可以为曼联效力。"

你必须具备那种思维方式。这句话正是弗格森训练方法的核心所在。

你的思维方式对你能感受到压力的程度有巨大影响。理查德·拉撒路是一位研究如何在变革中应对压力的专家，他认为在我们感到缺乏应对资源的时候，这种影响会更大。这点听上去人尽皆知，但意味深远。不仅仅是我们周围的事情，还有我们看待它们的方式都能让我们感到压力。因此，如果我们能够改变自己看待压力事件的方式，对自身的应对能力更有信心，那我们就可以不太担心变化所带来的影响。

那么，我们要怎么做呢？

我们有3种方法来改变自己的思维方式。为了更好地理解它们，让我们想想自己在面临变化的潜在压力时的处理方式。试想一下你正在考虑是否要更换一份新工作。尽管你真的很喜欢这份新工作，但同时意识到这个改变太大，而且你也不确定老板是否会支持你。你足够优秀能拿到这份新工作吗？虽然成功的前景很有吸引力，但如果你连候选名单都进不了呢？你的自信会受到影响吗？你的同事会认为你太自大吗，甚至可能认为你在假装申请新工作？如果你拿到了面试机会，但却当场发挥失败，连挽回的可能也没有了又该怎么办？你能承担这样的风险吗？

问题还有很多，但我们可以把思维发生的过程简化为以下3个方面。

1. 要求

"在曼联，我们必须比其他所有人更优秀，"弗格森曾经说，"我们自己制定行为标准。这就是我们在思维方式上花费这么多精力的原因。"

弗格森明白曼联的不同竞赛阶段有着不同的要求。"总有球员想要生活的其他部分，"他对曼联通晓诸事的专家和作者库尔特·李察说道，"所以你必须确保你做的事情是优先级比较高的，对我来说，该做的事情很简单，就是赢得比赛。"

前青年队球员费比安·布兰迪回忆道："我13岁的时候，理查德森（一个伦敦出生的球员，在俱乐部的球员中脱颖而出）刚刚升上一队，有天他开着敞篷车，放着音乐，认为自己很棒。不幸的是弗爵爷正好走进停车场，对他说：'关掉音乐回家去，今天不要来了。'两年后理查德森就被卖掉了。"

"没什么难理解的，只要记住日程安排就行，"弗格森说，"只有当你走错路，忘记自己是如何达到现在的地步的时候，事情才会变得困难。**脚踏实地是工作的一部分，至少在足球方面是这样的。**当然，你可能会被人带到其他地方，但我必须确保你的那些行为不能影响到足球。"

2. 能力

前曼联球员布莱恩·麦克莱尔曾告诉大卫·米克他在摩纳哥第一次见弗格森的情景，麦克莱尔当时是凯尔特人球员，并获得了欧洲最佳球员的称号。他说："弗格森那时候还在阿伯丁队，晚饭和典礼后他问我打算去哪里。我告诉他我要去蒙特卡洛的赌场。他却说，不，孩子，你该上床睡觉了。"

"有趣的是尽管我没有为他效力，他也不是我的经纪人，确实如此。你得接受他说的话是正确的。从此，第一面印象的场景一直铭记在我的脑海中。"当被问到几年前弗格森是如何影响他的，加里·内维尔明确地说道："**永不止步，勤奋工**

作，对自己的能力不断投资，亚历克斯·弗格森总是无情的。"

内维尔回忆起更衣室中1993年青年杯决赛对利兹队的失利，"他对我们很生气，'如果这样下去，你们不适合再在曼联比赛'。"弗格森在这方面的标准一向很高，"他让我清楚了通过行动获得和由天赋获得的区别。"奥莱·索尔斯克亚说道。

3. 结果

"如果你输了，但弗格森先生认为你已经尽力，那就没问题，"前曼联队员安迪·科尔说道，"但如果你是（以一种）狼狈的方式输掉……那么就要小心你的耳朵了！他的愤怒没有什么界限：他真的会发脾气。"安迪补充说："他会很清楚地说明这不是曼联需要的，然后继续前进。"弗格森说："只要你有恰当的缘由，发脾气没错。我的理由都是没有达到一定的标准，然后我就会让他们知道我发脾气了。"

1999年夏天，"三冠王"的曼联在澳大利亚和中国香港进行季前巡回赛。弗格森没有参与，他让助理史蒂夫·麦克拉伦负责第一阶段的巡回赛，这对一些球员来说可是好事。

"我们在外面过了好几个愉快的夜晚，宵禁前也没回来，"尼基笑着说，"有一次在悉尼，我们在外面一直待到凌晨4点。我们偷偷溜回来，但德怀特·约克在早上5点钟被叫起来了。"这一天曼联在悉尼奥林匹克体育场有场训练。"我们在热身时听到有人打鼾。那是约克，他已经睡着了。大家都笑了但没人喊醒他，他就这样站着睡着了。四五分钟热身后，我们跑步去了，留他一个人在场地中间睡觉。"

"后来弗格森知道了这件事，"巴特回忆道，"几天后他过来时都快发狂了。"那个赛季结束时，德怀特·约克说弗格森给他的评语是"走下坡路了"，永远不能再达到1999年的高度了——然而这只是德怀特在俱乐部的第二年。

应对压力方面，如果要求不高，自身的能力又强且结果不太重要的话，我们更可能做得很好。不幸的是，许多情况不是这样的。结果往往是我们压力很大，很焦虑，不愿承担风险。如果我们升职了，我们的思维方式便会改变，也不再会申请新工作。因此，改变我们看待这三个方面的方式正向影响着我们的态度。在理想状态下，我们要把需求看得不那么高，把自己的能力看得够强，而结果也是可以承担的。思考一下该如何在变革的环境中应用这些发现，这就要求你想法大胆，敢于承担风险，想想你怎样利用以上这种方式。如果你能降低要求，提升对自身能力的更多信心，而对结果有更客观的看法，那么你就能尽可能好地应对变化。

扭曲思维

当然，要改变我们的思维方式并不总是这么直接。而我们总是喜欢那些妨碍自己直接思考的思维方式，这就使得改变更加困难。世界著名的心理学家埃利斯·艾伯特博士把这称为"扭曲思维"（crooked thinking）。当我们做这些时，有时我们会感到愧疚。埃利斯博士认为，当我们这样做时，它可以成为一种有效的思维和决策的障碍。弗格森在他27年的曼联教练生涯中一共训练了212名球员，他曾指出，他经历过大多数的思维模式。以下是5种最常见的扭曲思维，了解它们并找出你更可能倾向的类型。

1."这不公平"思维

"大卫·贝克汉姆具有能逆转比赛的表现，"弗格森这样评价这位前英格兰队队长，"我给他的批评常常被当成耳旁风，他可能还会想'教练傻了，我才是对的'。"贝克汉姆不接受批评的事情曾经是足球界最有名的纠纷之一。

足总杯中，在老特拉福德曼联以2∶0击败阿森纳之后，弗格森认为贝克汉姆在第二个球之后没有回防。贝克汉姆拒绝接受任何批评。"他离我12英尺远。"弗格森回忆，"在我走向他的时候，大卫正在抱怨我，我用靴子踢到了他的眼睛右侧。"贝克汉姆想反击，但被队友劝止了。"坐下，你让球队的士气降低了，你可以尽情争论。"弗格森对他的中场球员说，"第二天我打电话让他看录像分析，他仍不承认错误。那时候我觉得大卫就要离开了。"当你感觉自己处在"这不公平"的想法中而且觉得整个世界都对你不好时，想想"最后通牒博弈"，这是行为经济学中最著名的一个实验。

游戏规则很简单。两人配对，并给予他们10英镑去分配。根据这个规则，其中一人（投保人）自行决定分配比例（例如，50：50、70：30），然后他把选择权交给另一个人（响应者）决定。响应者可以决定接受，那两个人都能分得这笔钱；也可以选择放弃，那两人就会口袋空空。现在，如果两个人都是理性的，投保人会留下9英镑给自己，给另一人1英镑。毕竟，无论提供多少，响应者都必须接受，如果不接受，他将什么都得不到。一个理性的人会意识到这点并给出一个很低的报价。

实际上，这种情况很少发生。任何低于2英镑的选择都会被拒绝。**想想这到底意味着什么吧。人们宁愿什么都不要，也不想让另一个人得到太多。**他们会放弃自由的钱来惩罚他们认为贪婪或自私的行为。有趣的是，投保人大概知道如果他们自己是响应者的话，他们会采取相同的方式。因此，投保人不会让报价太低。事实上，在博弈中，最后最常见的报价是5英镑。

使这个测试更有趣的是，当规则发生改变时，会发生什么情况。游戏的最初版本是，只有运气能决定谁会成为应答人和投保人。所以人们认为，分配应该是相当公平的。但是在游戏规则改变时，人们的行为发生了很大的变化。例如，当研究人员决定，在考试中表现更好的人将会成为投保人，投保人如果提供明显更少的钱，也很少会被拒绝。如果人们认为投保人适合他的工作，他们认为他应该得到更多的钱。

这个测试表明，大多数人都希望我们的成就与收获具有合理的关系。总之，我们很自然地倾向于公平竞争。使用"不公平"的思维对错误事情进行合理化解释，是不能被接受的。相反，检讨一下你自己的努力程度，看看自己是否已经做得足够成功。

2. 驾驶员思维

驾驶员思维（driver thinking）就是，如果你认为自己不成功，可怕的事情往往会随之而来。这会蒙蔽我们以至看不到更重要的事情，这种思维正是弗格森和他的队长罗伊·基恩争论的焦点。

2005年曼联惨败给米德尔斯堡后，球员们发现，在第二天的训练中受伤的基恩在更衣室等着他们。当他听说比赛中表现最差的球员之一——年轻的边锋理查德森——为自己订了一辆宾利车时，基恩的心情没有变好。基恩讨厌这些刚开始职业生涯就掉进成功陷阱的年轻球员。基恩认为理查德森——当赛季结束时在更衣室宣布声明自己应该像瑞克一样被重视——是失利的主要原因，而且公开批评了他。

如果球员们认为私下批评过后，这股风暴就过去了，那么他们就错了。基恩是曼联电视台的节目播放专家工作室的嘉宾，这是一档球员分析比赛表现的节目，当谈到失败时，"这支球队没有任何个性，"基恩吐槽，"这些球员被问到了问题也不作答，我厌倦再去说他们，他们也厌倦了倾听。"弗格森坚称节目不应该被播出，除了在曼联更衣室里外。当他看这个节目的时候，他指责基恩失去了理智，不再像曼联的领袖那样思考，就这样基恩丢掉了曼联更衣室的老大地位。

"罗伊就是这么偏执。"加里·内维尔说，"年轻球员中有几位对罗伊是非常敬畏的，我认为此时他们不知道如何看待他。他们踮着脚尖围着他。你能明白为什么他们被这个冷酷的人吓到了吗？年轻球员需要走出自己固有的壳，但是很难看到这带来了什么改变——直到那件臭名昭著的事情发生后。"几天之后，弗格森终止了基恩的合同，他离开了俱乐部。

史蒂夫·乔布斯20多岁时，在车库开始了他数十亿美元级的苹果产业。他保持了在3个不同的行业领域的领先优势，包括音乐（iPod和iTunes彻底改变了音乐的传播方式）、电影（皮克斯公司是最成功的动画工作室）和电脑（苹果电脑的设计是传奇）。很显然，乔布斯个性鲜明，我最欣赏的就是他运用驾驶员逆向思维去思考，激励自己而非抑制自己的信念。每当他面对一个重大的决定时，就会问自己一个令人难忘的驾驶员问题："如果这是我生命的最后一晚，我该怎么办？"这个问题帮助他邂逅了他的妻子。他在一所大学发表演讲，他未来的妻子就坐在观众席上。演讲后他走近她，她给了他电话号码。那天晚上他想约她出去走走，但他必须参加一个商务会议。去开车的时候，他问了自己那个驾驶员

像弗格森爵士一样思考
——关于赢得胜利和管理成功的艺术

思维的问题，并找到了答案，然后他就跑回演讲大厅，找到了那个女人，把她约了出去。从此他们就在一起了。

你是否拥有自己独特的激励自己而非抑制自己想法的"驾驶员思维"？

3. 停滞思维

停滞思维就是，当我们推销自己时，我们会说："我没用，这事儿我不能做，我会犯错误。"这样的态度会让我们循规蹈矩安稳地打球。最好的体现就是埃里克·坎通纳。1997年，在30岁还相对年轻的时候，他突然退役。他的队友们没有想象中那么惊讶，因为他们感觉到他的态度已经改变，灵感已经从他的比赛中消失了。

坎通纳同意这种评价："我不想再踢球了。我失去了激情。我这么年轻就退役，因为我想每次都能有所提高，做一个更好的球员，为自己和团队赢得奖杯，拥有提升自我的感觉。当我退役时，我就觉得再也不能提升竞技水平了。同时，我也失去了激情。提升自己的动力往往与激情相伴。如果你失去了激情，就失去了动力。"他坚持说，"从来都不是钱的事儿。"

最近，一项关于国际滑冰选手在重大赛事前表现的研究发现，在训练期间，那些在新动作和高难度动作上花费大量时间的选手在实际竞技中比那些仅仅重复原有动作的选手水平更高。**冒险者不担心犯错误就会有更大的自由和更强的自信。**

成为人的规则

你将学习教训。

没有错误，只有教训。

教训不断重复，直到它被学习掌握。

如果你不学习教训，它们会变得更加困难。

（痛苦是这个世界获取你关注的一种方式）。

当你的行动改变，你就会知道你已经学会了一个教训。

——佚名

4. 不合逻辑的思维

我们身处巨大的压力下，会经常使用不合逻辑的思维，甚至会追求一种不需要获得任何相关数据就可行的方法。

许多体育人都迷信或痴迷于自己参加的宗教，亚历克斯·弗格森爵士也不例外。每场欧洲比赛前，他都会穿上曼联的旧球衣，戴上红羊毛的"三片羽毛"的威尔士橄榄球帽子（从吉格斯那儿拿到的）——每当他监督团队训练的时候。当面对媒体谈到吉格斯的时候，弗格森说道："让吉格斯不开心的事情只有一件，那就是我偷走了他的威尔士帽子。而且他永远都要不回来了，现在这个帽子已经为我所用，这是我在欧洲的幸运帽。我偷走了它，并经常戴它。我觉得吉格斯是被我恐吓得甚至连把帽子要回来的事儿都不想了。"

但是弗格森从不把迷信完全当真，因为他认识到了非逻辑思维的危险。下面的段子尽管是民间传奇，却常常被误传为事实。你可以从中发现避免这种思维的重要性。

　　海军：请将你的航线向北改道15度，避免碰撞。

　　平民：建议你把航向向南转移15度，避免碰撞。

　　海军：我是美国海军舰艇的船长。我再说一遍，改变你的路线。

　　平民：不！我再说一遍，改变你的路线。

　　海军：我们是"企业号"航空母舰，我们是美国海军的一艘大型军舰。现在改变你的航线！

　　平民：这里是一座灯塔。你自己决定吧！

5. 过度自信的思维

　　"我和你之间，我不认为自己有什么真正的弱点。"这句话是舒梅切尔在自传中写的。这一观点和其他人是一致的。丹麦记者拉斯姆·森尼尔斯还记得一位年轻的球员，他超级自信，也可能像他的国家队队友延森说的那样，"他自信到了令人难以置信的地步"。这种自信延续到舒梅切尔生活的各个方面。每当丢了一个球，他本能的反应就是冲队友大喊大叫，这已经成为他在曼联时期的一个标志。他的自信也让他掌控着球场外的一些活动，"他用双手弹奏出美妙钢琴曲的能力，就像他在球场上完成的美妙比赛一样"，记者丹尼尔·哈里斯这样描述舒梅切尔的钢琴技巧。

在1998—1999年赛季开赛前的几个月，舒梅切尔因为自己的一些致命错误而招致批评。也正是在那个冬季，他正式对外宣布，由于他的身体不适应英国足球带来的压力，要离开曼联。

"显而易见，傲慢削弱了他的才华，使他难以发现这种批评。你一定很好奇这是否是促使他离开的真正原因。"丹尼尔·哈里斯说。这一观点得到了加强，两年后舒梅切尔改变了主意，回到了英格兰，在他曾经提到对身体素质要求非常高的英超联赛中为阿斯顿维拉和曼城效力。过度自信也是扭曲思维的征兆之一。**当你开始告诉自己，你不会被改变影响，这可能是危险的，因为你开始逐步错过明显变化的迹象。**

或者事实上，你看到的只是冰山一角。

在我所有的人生经验中，我还从未遇到一件自己曾经经历的值得谈论的意外和事故。在我这么多年的出海经历中，我曾经见过不止一艘船在海中遇险，但从没见过一艘残骸，也没遇到过任何一种困境能威胁到我在灾难中灭亡。

——E.J.史密斯，船长，泰坦尼克号，1907

当你陷入这种扭曲思维的时候，你需要清醒地意识到一定要做些什么来阻止它，对形势要有一个全面、客观的判断，这非常重要。

以不同的方式应对变化

变化本身包含着幸福的胚芽。

——查尔斯·达尔文

你还记得在《弗尔蒂旅馆》（*Fawlty Tourers*）中巴兹尔·弗尔蒂建议他的妻子西比尔参与一个策划专家的比赛，并选择"超级明显"作为一个专业学科的情景吗？如果你已经开始接受前面章节中的思想，你应该用弗格森的自信水平来面对变化了，下面的两个想法看似"超级明显"，但是我想做一个快速的提醒。

显而易见1：发挥你的优势

在电影《绝地归来》（*Return of the Jedi*）中，天行者卢克为了说服达斯·维德反对邪恶的皇帝，拯救自己的性命，并恢复银河系的和平与希望，转身对他说："我知道有你在一切都好，有你在就好。我能感觉到它。"在本书的开始，我就说过你能很自然地把很多事情做好。发挥自己的长处是一种技能，它可以帮助你避免走向黑暗的一面。所以你必须自我感觉良好。

特里·莱西爵士作为特易购首席执行官执行了第一个

191

（右侧竖排页边）第十章　改变你的想法

改革，他改变了一种看似简单问题的模式，却对接下来的生产发展产生了深远的影响。当经理们参观商店，他们不是问"有什么可以改进的？"而是问"有什么比较好的吗？"莱西相信，通过强调关注优势的改革有助于创造一个合作和简单开放的氛围。

这和弗格森在1999年梦幻赛季采用的方法类似。安迪·科尔回忆："我们曾经观看我们要迎战的对手的视频，我不认为这对我们有任何好处，因为他们总是表现最好的。我们会看到像摩纳哥这样的球队，同时想'他妈的，他们太耀眼了'。"球员找到弗格森并建议发挥他们自己的长处，让对手担心他们。"我们不再看我们的对手，并期待着发生什么。"科尔补充道。

假设你想把重点放在改变的过程中，你想要做出有信心的决定，如果你利用自己的优势作平台，那么你就会非常成功。这听起来很明显，而令人惊讶的是，人们往往在最需要重点关注自身优势的时候忽视了它们。

你真正擅长的东西是什么？什么技能和特点让你走到今天？比赛进行火热的时候，你能真正依靠什么来传球？当你在这个区域（球场）控场的时候，你具有什么出众之处？

这些问题的答案应该指向你的长处，并帮助你做出行为和行动的选择。我相信所有的管理者都有责任鼓励这种想法，并且关注人们能做什么而不是他们不能做什么。

考虑一下你该如何关注你的优势，关注他们如何为你所用。班尼特·韦恩，澳大利亚橄榄球联盟的一个传奇的教练，也相信这种方法。他认为我们每个人都拥有一种特殊的才能，他对他的球员说："不要让你内心的声音消亡。"避免过度谦虚，要有意识地去发展你的信心。我们天赋异禀，但有时候对这些缺乏基本的认识和了解。花时间想想你认为的自己的特点和天生优势是什么。**你的优势代表了你所擅长的事情，那些你知道可以依赖的东西，那些人们很容易认识到的特质和天赋。**充分认识并考虑如何更有效地使用它们将有助于创造你自己的取胜环境。

在哈佛采访他的时候，弗格森描述了自己的一些关键特性，他认为这是对一位伟大的领导者的要求。"我是一个喜欢冒险的赌徒，有时你会看到我们在比赛的后半段如何进攻，"他说，"如果我们只有15分钟，却处于落后状态，我就准备冒更大的险了。如果是3:1我会非常开心，因为这意味着我们会给自己一个赢的机会。所以在最后的15分钟，我们会为之全力奋斗。我们会增加一名额外的攻击球员，不再担心防守的问题。"这种力量反映在双方得分的关键进球的频率上。

如果你觉得困难，去回顾第六章《改变记录》这个章节，然后去接近你的同事、家人和朋友，和他们谈谈，让他们看看你的优势以及这些优势是多么宝贵。询问他们，你如何才能更好地利用这些优势。这些对话会提高你的自我意识和专注改变的能力。列出你的有效能力，并写下每一个有助于你更有效地使用它们的方法。

显而易见2：享受过程

亚历克斯·弗格森爵士曾经将意大利男高音安德烈·波切利作为他的主要灵感来源。"我记得要去看杰出的歌剧选手。"弗格森解释，"生活中我从来没有去看过一场真正的古典音乐会。但我在看的时候思考的是团队的协调与合作，一开一合，尽是梦幻。"波切利的另一个重要特点是他在表演前的放松能力。如果你在他表演的半小时或一小时前看到他，你会发现他更成熟了。他开玩笑，大笑，和人聊天。事实上，你很容易把他误认为是一位观众。

弗格森在比赛开始前偶尔会给更衣室的球员1小时时间。正如加里·内维尔解释道："虽然这是严肃的，但有时他会舒缓我们的情绪。我们一直期待着和维阿踢比赛，听到他大喊着乌戈·埃希奥古的名字。'你很肯定地听到了Ehugu、Ehogy，管他叫什么呢。'"内维尔笑着回忆："每当此时，我们总是开怀大笑，因为他很少能叫对名字。"

我们经常认为应该用严肃、集中精力的心态参与一些大事，如充满压力的会议。事实上，这种观点是错误的。准备是紧张和皱眉的时候，比赛则是闪光和放松的时刻。原因是，练习就是提高的过程，是开展训练，犯错误并不断修正的过程。反复练习，直到你掌握了可靠的技能。体验和拥抱艰难的挫折也是训练的一部分。

而比赛则是截然不同的情况。你并不是要努力去掌握这个技能，而是尝试着运用它。对那些试图回应一个尚未出现的可能性的行为要保持警惕。在这种情况下，最有成效的心态往往是放轻松、专注焦点，停留在那个瞬间，控制着情绪起伏。**正如伟大的代理主教练康斯坦丁·斯坦尼斯拉夫斯基所说："训练是工作，比赛是放松。"**

杰拉德·索维尔认为弗格森的"快乐和热情对所有人都是显而易见的。这种热情对他的球员很有感染力。"你的团队也是这样的吗？当人们享受着自身状态的时候，就更容易感到自信和放松。恐惧的消失是一种对身体虚弱和压力排解的有效解药。在一个享受乐趣和快乐的环境中与他人一起工作，人们会在保持坚定信心的情况下走得更远。

大量的医学证据支持这一观点，微笑对我们的健康有积极的影响。大笑可以降低我们体内的皮质醇（一种应激激素），也能通过增加细胞的数量和活性来增强免疫系统，从而帮助机体对抗病毒的攻击。所以，你要努力地去参加活动，让自己笑起来，从你身边的人和事情当中寻找快乐应是你做计划的一部分。

享受此刻是再自然不过的事情了。如果你发现自己很难融入当下，而只是为了实现自己的利益去享受它，那么你可能需要一些自我指导。当你意识到自己要被面临的挑战压倒的时候，提醒自己，应对变化也应该是很有趣的事。寻找机会让事情变得愉悦，并尽可能保持微笑，这是一种非常好的心理暗示。你知道吗，平均来说，一个孩子每天会笑400次。相比之下，一个成年人每天只会笑15次。

那么其他385次微笑去了哪里？为什么当我们步入成年人的工作世界时，幽默感就变成了一种稀有物品？我们总是专注于自己的烦恼、压力和生活，有趣的重要性变得不值一提，但领导力和乐趣之间恰恰存在着非常必要的联系。科罗拉多大学的研究表明，玩不仅仅是乐趣。正是通过玩，所有的动物，包括人类，学会了应对和掌握生活中挑战的技能。

对这些进行思考的一种有用的思维方式就是想象，如果你能打开你的头颅，看看你的大脑如何工作。你会看到大脑的两个半球：左脑和右脑。虽然大部分时间，它们的外观看起来一样，也在一起工作，但实际上它们用完全不同的方式理解世界。你的左脑是理性和分析的部分，右脑则会让你看到更大的画面，接着享受一次开怀大笑。当你放松和顽皮的时候，你的右脑开始工作，继而增加你创造性和原动力的可能性。

下面这首诗提醒我要做的正是如此：

冒险诗

欢笑就是冒险成为一个傻瓜，

哭泣就是冒险展示自己的感性和软弱，

达到另一个目标就是冒险参与和投入，

展示自我和袒露心胸就是冒险展现你的内在本色，

把你的想法、你的梦想、你的愿望，摆在人们面前，

就是冒险失去它们，

爱就是冒险得不到爱的回报，

展现长处就是冒险体现弱点，

行动就是冒险失败。

生命中最大的危险就是什么都不去冒险，

那些毫无冒险经历的人将一无所获、一无所有、一无所是。

他可以逃避痛苦、疼痛、悲伤，

但他却不会生活、不懂爱，

他出卖了自己，丧失了自由，丢弃了诚信，

他是一个奴隶，被安全锁住，被恐惧束缚。

因为，只有那些愿意冒险的人们，

才会懂得成功不是免费的。

——佚名

11

| 第十一章 |

改变的循环

　　如果你已经建立了空中城堡，无须担心。它本该在此。现在补上地基即可。

　　　　　　　　　　　　　　　　——亨利·大卫·梭罗

　　我希望你们能感觉到这是一本有趣的值得阅读的书，并享受其中的故事、逸事和练习。然而，知识就像是存在银行里的金钱。它拥有价值，但是本身却没有用。只有当金钱被转换成实在的东西，它才变得有价值。值得欣慰的是，与金钱不同的地方是，当你使用知识，创造新的见解和更多知识的时候，实际上是在得到知识的赞赏和馈赠。你从本书所学到的所有东西也是一样的。**如果不采取行动，这些都是没有任何意义的。它需要你带着能量和勇气利用这些信息做一些积极有效的事情。**

　　你需要投入一些时间来制订你的计划，并确定哪些是基于本书提出的一些观点要去做的事情，这是至关重要的。下面一页的图表中的车轮有8个部分，分别代表这本书的不同的核心章节。你可以复印一份或者重新画一个版本。随后开始评级，车轮的中心或者中轴代表0（完全不满意），外缘代表

10（非常满意），然后再根据你在每一个维度上的变化中的满意度，在每一个相应的辐条上打叉进行打分。

接下来，在上面画一条线把这些叉连接起来。

现在你的车轮上各个辐条连起来的图形周长看起来是什么样子的？

你是不是想让哪里变得更加完善？

要记住弗格森的主张："我真正做得很好的事情就是管理好变化。"面对变化，你准备到什么程度了？

现在是时候制订并最终完成你的计划了。这将涉及重新审视和重新阅读这本书的每个部分，以及你将真正使用哪一部分并开始付诸行动。这里虽然没有放之四海而皆准的方法，但是这不打紧，重要的是无论如何你都要真正去实干。我希望本书能成为你有用的工具，帮助你在这个不断变化的时代生存成长并蓬勃发展！

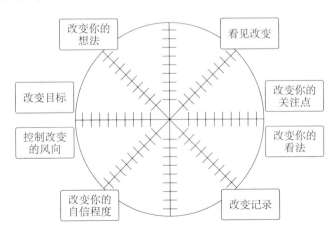

最后的思考

　　我是通过回忆弗格森在曼联出现的第一天的场景开始本书的，因此我认为通过回顾他作为主教练在最后一场主场比赛时说过的一句话也是非常合适的，他当时面对被情绪感染沉浸下的老特拉福德球场，感慨道："退休并不意味着结束，而是一个新篇章的开始！"

　　无论你有多高的职务、地位或者野心，变化无时无刻不在我们身边。生存就意味着接受改变。现在，我们已经到了《像弗格森爵士一样思考——关于赢得胜利和管理成功的艺术》一书的尾声，我真诚地希望此时的你已经准备好了开启新的篇章，在改变面前，重拾基于自身能力的信心，勇敢地迈出坚定的步伐，为了生存，永不凋谢，茁壮成长，生机蓬勃！

现在就出发

　　从现在开始，和过去告别，勇敢出发。

203

如果你终将告别这一切，

过去对你开启新的旅程将变得毫无裨益。

为什么？这已经足够，你曾与之相伴，你曾与之穿越岁月；

这是本书的另一篇章，

这是你计划中的另一场比赛，

对于那些销声匿迹的过往，不要留恋不要回看，

现在就出发！

世界并不会在意你的失败过往，

如果你可以重新开始，并赢得成功，

未来就是你的时间，而时间飞逝，

还有很多的工作和生命的张弛；

忘记那些被埋葬的灾难和死亡的绝望，

一个全新的试验权利就在眼前，

未来永远垂青那些实干和勇于担当的人，

现在就出发！

过去的失败不会停止，久违的胜利会来援助，

今日渴望的事物，明天很快出现；

投身这场战斗，勇敢面对，毫不畏惧，

让过去成为久远的历史；

那些已经发生的就让它发生吧，昨日已逝去，

像弗格森爵士一样思考
——关于赢得胜利和管理成功的艺术

经历岁月的考验，你既没有被赐福也没有被禁令，

鼓起勇气，无畏地奔向未来吧，

现在就出发！

——伯顿·布雷利

祝你好运！

致　谢

　　我要感谢杰拉尔丁、乔治和罗斯，他们给我提供了持续的灵感、鼓励和支持，让我可以追求自己的梦想。感谢我的父母布赖恩和罗斯玛丽，为我树立了人生的标杆和榜样，并为我如何像一位成熟的人士那样行动提供了灵感。感谢我的兄弟姐妹安东尼、克里斯和瑞秋，感谢他们源源不断的支持和友谊。我还特别想对亚历克斯·弗格森爵士表达我的感谢，是他的榜样作用和非凡勇气使这些逸事更加值得分享。

　　这本书是一支伟大团队的最终产品。我要感谢以下人员的宝贵贡献：大卫·拉克斯顿作为一个伟大的代理人提供了很大支持；罗宾·哈维的热情和信念给了我无尽的积极影响；布莱斯·特普和伯纳德·尼文给予我诸多的研究支持、深刻见解和编辑建议。也感谢那些一直在背后，默默慷慨地给予我高深见解、逸事趣闻和学术参考的无数的热心朋友。最后，感谢各位读者，感谢你们对本书的好奇，以及你们愿意利用宝贵的时间来阅读它。我希望你们能够喜欢本书，就像我写作的时候那样享受。

达米安·休斯教授

2014年6月

像弗格森爵士一样思考
——关于赢得胜利和管理成功的艺术

参考文献

弗格森爵士的管理生涯：

Beckham, David. *My Side*, HarperSport, 2004.

Bruce, Steve. *Heading for Victory*, Bloomsbury, 1994.

Cantona, Eric. *My Story*, Headline, 1994.

Ferguson, Alex. *A Year in the Life*, Virgin Publishing, 1995.

—*A Will to Win*, Andre Deutsch Ltd, 1997.

—*Just Champion*, Manchester United Football Club, 1993.

—*Managing My Life*, Hodder & Stoughton, 2000.

—*My Autobiography*, Hodder & Stoughton, 2013.

—*Six Years at United*, Mainstream Publishing, 1992.

—*The Unique Treble: The Inside Story*, Hodder & Stoughton, 2000.

Giggs, Ryan. *My Life, My Story*, Headline, 2010.

Hughes, Mark. *Barca, Bayern and Back*, Hutchinson

Radius, 1989.

Keane, Roy. *Keane*, Penguin Books, 2011.

McClair, Brian. *Odd Man Out*, Andre Deutsch Ltd, 1998.

McGrath, Paul. *Back from the Brink*, Random House, 2007.

Neville, Gary. *Red: My Autobiography*, Corgi, 2012.

Pallister, Gary. *Pally*, Know The Score, 2008.

Robson, Bryan. *Robbo: My Autobiography*, Hodder & Stoughton, 2012.

Rooney, Wayne. *My Decade in The Premier League*, HarperSport, 2013.

Schmeichel, Peter. Schmeichel: *The Autobiography*, Ted Smart, 1999.

Sharpe, Lee. *My Idea of Fun*, Orion, 2005.

Stam, Jaap. *Head To Head*, Collins Willow, 2001.

其他关于曼联和足球的书籍：

Auclair, Philippe. *Cantona: The Rebel Who Would Be King*, MacMillan, 2009.

Balague, Guillem. *Pep Guardiola*, Orion, 2013.

Calvin, Michael. *The Nowhere Men*, Arrow, 2014.

Carson, Mike. *The Manager*, Bloomsbury Paperbacks, 2014.

Charlton, Sir Bobby. *My Manchester United Years*, Headline,

2008.

Connley, Glenn. *How to Be Ferocious Like Sir Alex Ferguson*, Marshall Cavendish International Asia, 2011.

Crick, Michael. *The Boss*, Pocket Books, 2003.

Gillespie, Keith. *How Not to Be a Football Millionaire*, Trinity Mirror Sports Media, 2014.

Harris, Daniel. *The Promised Land*, Arena Sport, 2013.

Holt, Oliver. *If You Are Second, You Are Nothing*, Macmillan, 2006.

Hughes, Brian. *The King—Denis Law*, Empire Publications, 2004.

Kurt, Richard. *Red Devils*, Prion Books, 1998.

—*United! Dispatches from Old Trafford*, Mainstream Publishing, 1999.

—*United We Stood*, Sigma Leisure, 1994.

Kurt, Richard et al. *Deepest Red: An Anthology*, Portnoy Publishing, 2013.

Mitten, Andy. *Glory, Glory!*, Vision Sports Publishing, 2009.

—*We're the Famous Man United*, Vision Sports Publishing, 2011.

Riley, Chris. *The Wit and Wisdom of Sir Alex Ferguson*, Biteback Publishing, 2013.

Strachan, Gordon. *My Life in Football*, Sphere, 2007.

Taylor, Daniel. *This is the One*, Aurum Press, 2007.

Torres, Diego. *The Special One*, HarperSport, 2014.

Vialli, Gianluca and Gabriele Marcotti. *The Italian Job*, Bantam Press, 2006.

Warnock, Neil. *The Gaffer*, Headline, 2014.

White, Jim. *Always in the Running*, Mainstream Publishing, 1996.

—*Are You Watching Liverpool?* William Heinemann Ltd, 1994.

—*Manchester United: The Biography,* Sphere, 2008.

Worrall, Frank. *Walking in a Fergie Wonderland*, John Blake Publishing, 2011.

管理、心理学和运动：

Abrahams, Dan. *Soccer Brain*, Bennion Kearny, 2013.

Bains, Gurnek et al. *Meaning Inc*, Profile Books, 2007.

Bannister, Dr Roger. *The First Four Minutes*, Sutton Publishing Ltd, 2004.

Bayliss, Dr Nick. *Wonderful Lives*, Cambridge Well Being Books, 2005.

Beilock, Sian. *Choke*, Constable, 2011.

Bennett, Wayne. *Don't Die With the Music in You*, ABC Books, 2002.

—*The Man in the Mirror*, ABC Books, 2008.

Beswick, Bill. *Focused for Soccer*, Human Kinetics Publishers, 2010.

Bolchover, David. *The Living Dead*, Capstone, 2005.

David and Chris Brady. *The 90 Minute Manager*, Prentice Hall, 2006.

Borg, James. *Persuasion*, Pearson, 2010.

Broadbent, Rick. *The Big If*, Macmillan, 2006.

Bronson, Po and Ashley Merryman. *Top Dog*, Ebury Press, 2013.

Brown, Derren. *Tricks of the Mind*, Channel 4 Books, 2006.

Bull, Steve. *The Game Plan*, Capstone, 2006.

Bull, Steve and Chris Shambrook. *Soccer: The Mind Game*, Reedswain, 2005.

Buzan, Tony. *Embracing Change*, BBC Active, 2006.

Cotterill, Stewart. *Team Psychology in Sports*, Routledge, 2012.

Dennis, Felix. *How to Get Rich*, Ebury Press, 2007.

Dourado, Phil. *The 60 Second Leader*, Capstone, 2007.

Ferguson, Penny. *Transform Your Life*, Infinite Ideas, 2006.

Fullan, Michael. *Leading in a Culture of Change*, Jossey Bass, 2007.

Gibson, Clive, Mike Pratt, Kevin Roberts and Ed Weymes. *Peak Performance*, Profile Books, 2001.

Godin, Seth. *Meatball Sundae*, Piatkus, 2009.

Goldstein, Noah, Steve Martin and Robert Caldiani. *Yes!*, Profile Books, 2007.

Hamilton, Duncan. *Provided You Don't Kiss Me!*, Fourth Estate, 2007.

Helmstetter, Shad. *What to Say When You Talk to Yourself*, Grindle Pr Audio, 1986.

Katzenbach, Jon R. *Peak Performance*, Harvard Business School Press, 2000.

Lecky, Prescott. *Self-Consistency: A Theory of Personality*, Island Press, 1973.

Loehr, Jim. *The Only Way to Win*, Nicholas Brealey Publishing, 2012.

Mack, Gary. *Mind Gym*, McGraw Hill Professional, 2002.

Moorhouse, Adrian and Graham Jones. *Developing Mental Toughness*, Spring Hill, 2007.

像弗格森爵士一样思考——关于赢得胜利和管理成功的艺术

Michels, Rinus. *Teambuilding*, Reedswain Publishing, 2013.

Nesti, Mark. *Psychology in Football*, Routledge, 2010.

Orlick, Terry. *In Pursuit of Excellence*, Human Kinetics Europe, 2007.

Peace, David. *The Damned United*, Faber and Faber, 2007.

Reeve, John Marshall. *Understanding Motivation and Emotion*, John Wiley and Sons, 2004.

Shinar, Yehuda. *Think Like a Winner*, Vermillion, 2007.

Stafford, Tom and Matt Webb. *Mind Hacks: Tips and Tools for Using Your Brain*, O'Reilly Media, 2004.

Steel, John. *Pitch Perfect*, John Wiley and Sons, 2006.

Sutton, Robert. *The No Asshole Rule*, Piatkus, 2010.

Taleb, Nassim Nicholas. *The Black Swan*, Penguin, 2008.

Taylor, David. *The Naked Coach*, Capstone, 2007.

Thompson, Jim. *The Double-Goal Coach*, William Morrow, 2003.

Turnbull, Professor Gordon. *Trauma*, Bantam Press, 2011.

Tutu, Desmond. *No Future Without Forgiveness*, Rider and Co., 1999.

Ungerleider, Steve. *Mental Training for Peak Performance*,

Rodale Press, 2007.

Van Kaam, Adrian. *Existential Foundations of Psychology*, Doubleday, 1969.

Watson, James. *Avoiding Boring People*, OUP Oxford, 2007.

Williams, Jean. *Applied Sports Psychology: Personal Growth to Peak Performance*, Mayfield Publishing Co., 1998.

Williams, Steve. *Golf at the Top*, Amorata Press, 2005.

Wiseman, Richard. *Quirkology*, Macmillan, 2007.

Zander, Ben and Rosamund Stone Zander. *The Art of Possibility*, Harvard Business School Press, 2000.

其他资源:

British GQ

Daily Telegraph

Guardian

Harvard Business Review

Herald

Mail on Sunday, *Gary Neville Column*

Manchester Evening News

New Statesman

Red Issue fanzine

像弗格森爵士一样思考——关于赢得胜利和管理成功的艺术

Scotsman

United We Stand Fanzine

Class of '92-2013, Gabe And Benjamin Turner (DVD)

Sky Sports